子会社からの配当及び子会社株式の譲渡を組み合わせた国際的な租税回避への対応

国際的な配当
をめぐる税務

子会社株式
簿価減額特例

デロイト トーマツ税理士法人　公認会計士／米国公認会計士　梅本 淳久

LOGICA
ロギカ書房

はしがき

　子会社配当の非課税措置と子会社株式の譲渡を組み合わせた税務上の譲渡損失を創出する租税回避への対応として、令和2年度税制改正において、子会社配当の額につき益金不算入とされた金額相当額を子会社株式の帳簿価額から減額する特例（子会社株式簿価減額特例）が創設されました。

　子会社株式簿価減額特例（以下「本特例」ということがあります）は、租税回避に対応する観点から設けられた制度ではありますが、規定の文言上、法人において租税回避目的があることがその要件とされているものではありません。すなわち、経済実態を伴わない税務上の損失が創出されるような場面を念頭に、具体的な要件が規定されており、それらの要件が満たされる場合には、原則として、本特例が適用される仕組みとなっています。そのため、1事業年度に一定規模の配当を受けた場合には、租税回避目的の有無にかかわらず、本特例の要件を検討することが必要となります。

　また、配当が、支配関係発生後に生じた利益を原資とすると考えられるような場合などには、本特例を不適用とし、また、配当のうち支配関係発生後に生じた利益を原資とすると認められる部分については、本特例の対象から除く仕組みが設けられている一方で、グループ法人間の操作により、本特例の適用を回避するような場面を念頭に、様々な適用回避防止規定が設けられており、本特例の適用があるか否かの検討や、本特例の適用がある場合の処理は、難解で複雑なものとなっています。

　ところで、本特例の適用の前提となる子会社配当の非課税措置のうち、外国子会社配当益金不算入制度については、令和2年度税制改正において、連結納税制度の見直し（グループ通算制度の創設）に伴う改正が行われているところです。また、外国子会社配当に係る外国源泉税については、令和3年度税制改正において、外国子会社合算税制との二重課税調整規定の適用を受ける場合の損金算入や外国税額控除の見直しが行われているところです。

本書は、近年、重要な改正が行われている国際的な配当をめぐる税務を理解するための一助となることを願って、〈1〉外国子会社配当益金不算入制度、〈2〉子会社株式簿価減額特例、〈3〉外国子会社配当に係る外国源泉税の取扱いの各テーマについて、条文を整理し、詳細な解説を加えました。具体的には、条文ごとに、①ポイント、②解説、③用語の意義、④趣旨、⑤関係法令、⑥通達、⑦別表、⑧計算例、⑨Q＆Aなどのサブ・セクションを設け、理論と実務の観点から、解説を加えました。また、直感的な理解や複雑な条文の理解のため、できる限り図表を添えるよう心掛けました。

　国際税務に携わる皆さまに、本書が少しでもお役に立てれば幸いです。

　なお、関係法令等の整理及び本書の意見にわたる部分は筆者の私見であり、デロイト トーマツ税理士法人の公式見解ではないことを申し添えます。

　最後になりましたが、本書の全般にわたって、秋本光洋税理士に監修していただきました。また、逐条解説シリーズ（外国子会社合算税制、外国税額控除）に続き、株式会社ロギカ書房の橋詰守氏に大変お世話になりました。ここに記して、心よりお礼申し上げます。

　脱稿後の令和3年12月24日に、「令和4年度税制改正大綱」が閣議決定されました。本書に関連する内容については、「令和4年度税制改正大綱」と題するサブ・セクションを設けて解説していますが、政令公布前の情報に基づく解説となりますことをご了承ください。

2022年1月

公認会計士・
米国公認会計士　　梅本　淳久

■目 次

はしがき

第1章　外国子会社配当益金不算入制度

第2章　子会社株式簿価減額特例

第３章　外国子会社配当に係る外国源泉税の取扱い

凡 例

1　法令等は、特に断りのない限り、令和3年7月1日現在の法令等に基づいて、グループ通算制度の施行日（令和4年4月1日）時点の条文を整理し、解説を加えている。

2　本書中に引用する法令等については、次の略語を用いた。
　法法…………………法人税法
　法令…………………法人税法施行令
　法通…………………法人税基本通達
　グ通…………………グループ通算制度に関する取扱通達
　所法…………………所得税法
　措法…………………租税特別措置法
　措令…………………租税特別措置法施行令
　投資信託法………投資信託及び投資法人に関する法律
　資産流動化法……資産の流動化に関する法律

3　条文や文献の引用については、次の例による。
　1）「法令119の3⑦一」とあるのは、法人税法施行令第119条の3第7項第1号を示す。
　2）「財務省（2019）1頁」とあるのは、財務省ホームページ「令和元年度税制改正の解説」1頁を示す。
　3）「趣旨説明（2021）1頁」とあるのは、国税庁ホームページ「令和2年6月30日付課法2—17ほか1課共同「法人税基本通達等の一部改正について」（法令解釈通達）等の趣旨説明」1頁を示す。
　4）「記載要領8（3）」とあるのは、国税庁ホームページ「別表八（三）の記載の仕方」を示す。
　5）「髙橋（2020）7頁」とあるのは、髙橋正朗「令和2年度法人税基本通達等の一部改正について」租税研究853号7頁（2020）を示す。

第1章

外国子会社配当益金不算入制度

法法23の2 ①

外国子会社から受ける配当等の益金不算入

本セクションの構成

1　解　説
2　用語の意義
3　趣　旨
4　政　令
5　通　達
Q&A

| 法法23の2 | 外国子会社から受ける配当等の益金不算入 |

1　内国法人が外国子会社（当該内国法人が保有しているその株式又は出資の数又は金額がその発行済株式又は出資（その有する自己の株式又は出資を除く。）の総数又は総額の100分の25以上に相当する数又は金額となっていることその他の政令で定める要件を備えている外国法人をいう。以下この条において同じ。）から受ける前条

第１項第１号に掲げる金額（以下この条において「剰余金の配当等の額」という。）がある場合には、当該剰余金の配当等の額から当該剰余金の配当等の額に係る費用の額に相当するものとして政令で定めるところにより計算した金額を控除した金額は、その内国法人の各事業年度の所得の金額の計算上、益金の額に算入しない。

Point

　内国法人が外国子会社から受ける配当等の額について、その95％相当額を益金不算入とすることとされている。

① 「外国子会社」は、〈１〉内国法人の持株割合が25％以上（租税条約や通算法人に係る例外あり）で、〈２〉保有期間が６か月以上の外国法人である。

② 「配当等の額」には、みなし配当の額も含まれる。

1 解 説

　外国子会社から受ける配当に係る二重課税排除の方式として、企業の配当政策の決定に対する税制の中立性の観点に加え、適切な二重課税の排除をしつつ、簡素な制度とする観点から、「外国子会社配当益金不算入制度」が導入されている[1]。

1）財務省（2009）425頁

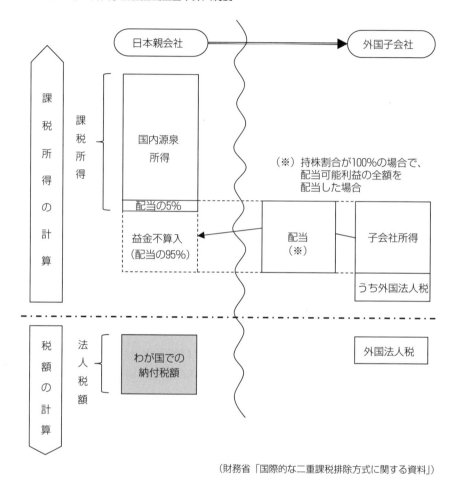

（財務省「国際的な二重課税排除方式に関する資料」）

　　具体的には、内国法人が**外国子会社**から受ける**剰余金の配当等の額**がある場合には、当該剰余金の配当等の額の95％を益金不算入とすることとされている。

⑴　**外国子会社の範囲**

　　外国子会社配当益金不算入制度の対象となる外国子会社は、下記イ及びロの要件を備えている外国法人をいう（法令22の4①）。

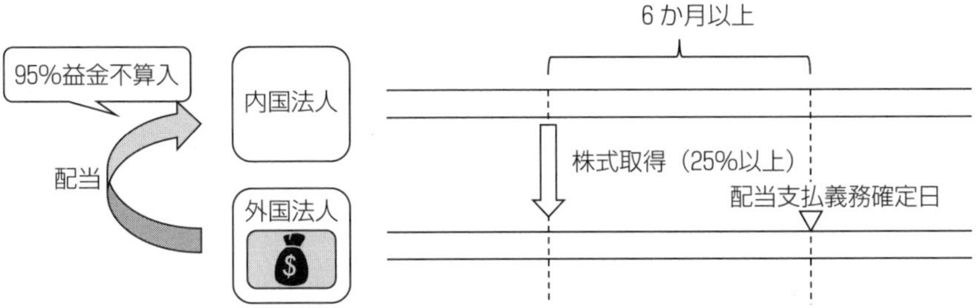

イ　保有割合要件

次に掲げる割合のいずれかが25%（注1）以上であること

(イ)　当該外国法人の発行済株式又は出資（その有する自己の株式又は出資を除く）の総数又は総額（以下「**発行済株式等**」という）のうちに、当該外国法人から剰余金の配当等の額を受ける内国法人（注2）が保有しているその株式又は出資の数又は金額の占める割合

(ロ)　当該外国法人の発行済株式等のうちの議決権のある株式又は出資の数又は金額のうちに、当該内国法人が保有している当該株式又は出資の数又は金額の占める割合

ロ　継続保有要件

イの状態が外国子会社配当益金不算入制度の適用を受けようとする剰余金の配当等の額の支払義務が確定する日（注3）以前6か月以上（注4）継続していること

（注1）　租税条約の**二重課税排除条項**において、25%未満の割合が定められている場合には、その租税条約に定める軽減された割合による（法令22の4⑦)。

（注2）　通算法人である当該内国法人が当該事業年度において当該外国法人から受ける剰余金の配当等の額がある場合には、 他の通算法人を含む。すなわち、通算グループ全体で判定する。

（注3）　当該剰余金の配当等の額がみなし配当の額（分割型分割、株式分配又は資本の払戻しによるものを除く）である場合には、同日の前日

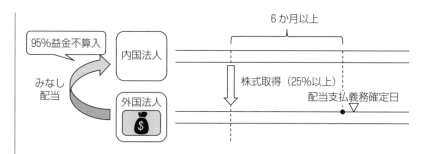

（注4）　当該外国法人が当該確定する日以前6か月以内に設立された法人である場合には、その設立の日から当該確定する日まで

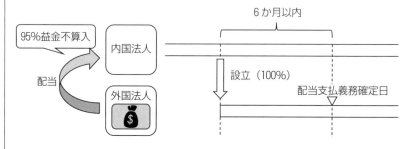

(2)　剰余金の配当等の額

　外国子会社配当益金不算入制度の対象となる剰余金の配当等の額は、法法23①一に掲げる金額とされている。

　具体的には、剰余金の配当（注1）若しくは利益の配当（注2）又は剰余金の分配（注3）の額をいう。

　これは、外国子会社の所在地国の法令等によって認識される配当等の範囲と我が国法人税法において認識される配当等の範囲は、当然のことながら異なるものであるが、外国子会社配当益金不算入制度の対象となる剰余金の配当等の額は、我が国の法人税法によって配当等と認識される配当等とされているということである[2]。

2）財務省（2009）429・430頁

　なお、法法24①各号に掲げる事由により交付を受けた金銭等の額が株式発行法人の資本金等の額のうちその交付の基因となった株式に対応する部分の金額を超える場合におけるその超える部分の金額は、法法23①一に掲げる金額とみなされることから（法法24①）、外国子会社から受けるみなし配当の額も外国子会社配当益金不算入制度の対象となる[3]。

> （注１）　株式会社及び協同組合等の剰余金の配当（会社法453、農業協同組合法52等）のうち、株式又は出資に係るものに限る。また、❶資本剰余金の額の減少に伴うもの並びに❷分割型分割によるもの及び株式分配を除く[4]。
>
> 　株式又は出資に係るものに限るのは、協同組合等の事業分量配当や従事分量配当を除く趣旨である。また、資本剰余金の額の減少に伴うものは、みなし配当となる。なお、分割型分割によるものを除くのは、分割対価資産の交付は、会社法上、剰余金の配当に該当するため、これと区別して組織再編成に係る税制の取扱いによる（具体的には、非適格分割型分割の場合に限り、みなし配当の額が生ずることとなる）こととするためである[5]。また、株式分配を除くのは、内国法人が所有株式を発行した法人の行った株式分配により完全子法人の株式その他の資産の交付を受けた場合には、その所有株式のうちその完全子法人の株式に対応する部分の譲渡を行ったものとみなすこととされている（法法61の２⑧）ためである[6]。
>
> （注２）　持分会社（合名会社、合資会社及び合同会社）及び特定目的会社の利益の配当（会社法621、資産流動化法114）で、分割型分割によるもの及び株式分配を除く[7]。
>
> （注３）　相互会社及び船主相互保険組合の剰余金の分配（保険業法55の２、船主相互保険組合法42）のうち、出資に係るものに限る[8]。

---

3 ）国税庁「外国子会社配当益金不算入制度に関するQ&A」（平成22年１月）５頁
4 ）財務省（2009）429頁
5 ）財務省（2006）262頁
6 ）財務省（2017）323頁
7 ）財務省（2009）429頁
8 ）財務省（2009）429頁

(3) 益金不算入額の計算

外国子会社配当益金不算入制度により益金不算入とされる額は、外国子会社から受ける剰余金の配当等の額からその剰余金の配当等の額に係る費用の額に相当する金額を控除した金額とされている。

この「剰余金の配当等の額に係る費用の額に相当する金額」とは、具体的にはその剰余金の配当等の額の5％相当額とされている（法令22の4②）。

したがって、剰余金の配当等の額の95％相当額が益金不算入となる。

2 用語の意義

用　語	意　義
二重課税排除条項	我が国以外の締約国又は締約者の居住者である法人が納付する租税を我が国の租税から控除する定め

3 趣旨

(1) 租税条約に二重課税排除条項がある場合における外国子会社の判定（保有割合）

我が国における二重課税排除の方式については、税額控除方式が採用されており、我が国が締結する租税条約においても、二重課税の排除を定める規定は税額控除方式を前提としたものとなっている。平成21年度税制改正では、外国子会社からの配当について、その二重課税排除の方式が変更され、間接外国税額控除制度に代えて、**外国子会社配当益金不算入制度**が導入されたが、租税条約によって間接外国税額控除制度の対象とされていた外国法人について従来と同様の範囲で二重課税を排除できるようにするため、この措置が講じられたものである[9]。

⑵ 益金不算入額の計算

　外国子会社配当益金不算入制度により益金不算入とされる額が、外国子会社から受ける剰余金の配当等の額からその剰余金の配当等の額の５％相当額を控除した金額とされているのは、外国子会社配当益金不算入制度により、外国子会社からの剰余金の配当等の額が課税所得から除外されることから、その剰余金の配当等の額を獲得するために要した費用についても課税所得の計算上除外し、費用収益を対応させるという趣旨のものである。

　剰余金の配当等の額に係る費用の額に相当する金額は、内国法人の費用のうち外国子会社からの剰余金の配当等の額にのみ関連して生じたもの（直接費用）のほか、国内外の業務に共通する費用から国外業務に係る費用として配賦された共通費用のうち、外国子会社配当に係る間接的な経費が対象となる。しかしながら、これらの経費を合理的に算定することが難しいことや、収益に対応する経費の発生状況も区々であることから、納税者の事務負担の軽減や制度の簡素化の観点及び諸外国の例から、外国子会社からの剰余金の配当等の額の一定割合（５％）として計算することとされている[10]。

4　政　令

法令22の４	外国子会社の要件等

1　法第23条の２第１項（外国子会社から受ける配当等の益金不算入）に規定する政令で定める要件は、次に掲げる割合のいずれかが100分の25以上であり、かつ、その状態が同項の内国法人が外国法人から受ける同項に規定する剰余金の配当等の額（以下この項、次項及び第４項において「剰余金の配当等の額」という。）の支払義務が確定する日（当該剰余金の配当等の額が法第24条第１項（配当等の額とみなす金額）（同項第２号に掲げる分割型分割、同項第３号に掲げる株式分配又は同項第４号に規定する資本の払戻しに係る部分を除く。）の規定により法第23条第１

9）財務省（2009）427頁
10）財務省（2009）430頁

項第1号(受取配当等の益金不算入)に掲げる金額とみなされる金額である場合には、同日の前日。以下この項において同じ。)以前6月以上（当該外国法人が当該確定する日以前6月以内に設立された法人である場合には、その設立の日から当該確定する日まで）継続していることとする。

一　当該外国法人の発行済株式又は出資(その有する自己の株式又は出資を除く。)の総数又は総額（次号及び第6項において「発行済株式等」という。）のうちに当該内国法人（通算法人である当該内国法人が当該事業年度において当該外国法人から受ける剰余金の配当等の額がある場合には、他の通算法人を含む。次号及び同項において同じ。）が保有しているその株式又は出資の数又は金額の占める割合

二　当該外国法人の発行済株式等のうちの議決権のある株式又は出資の数又は金額のうちに当該内国法人が保有している当該株式又は出資の数又は金額の占める割合

2　法第23条の2第1項に規定する政令で定めるところにより計算した金額は、剰余金の配当等の額の100分の5に相当する金額とする。

7　租税条約（法第2条第12号の19ただし書（定義）に規定する条約をいい、我が国以外の締約国又は締約者の居住者である法人が納付する租税を我が国の租税から控除する定め（以下この項において「二重課税排除条項」という。）があるものに限る。）の二重課税排除条項において第1項各号に掲げる割合として100分の25未満の割合が定められている場合には、同項及び前項の規定の適用については、第1項中「100分の25以上」とあるのは「第7項に規定する租税条約の同項に規定する二重課税排除条項に定める割合（第6項において「租税条約に定める割合」という。）以上」と、「同項の」とあるのは「同条第1項の」と、「が外国法人」とあるのは「が外国法人（当該租税条約の我が国以外の締約国又は締約者の居住者である法人に限る。以下この条において同じ。）」と、前項中「100分の25以上」とあるのは「租税条約に定める割合以上」とする。

5　通　達

法通3-3-2	一の事業年度に2以上の剰余金の配当等を同一の外国法人から受ける場合の外国子会社の判定

内国法人が一の事業年度に2以上の剰余金の配当等（法第23条第1項第1号《受取配当等の益金不算入》に規定する剰余金の配当若しくは利益の配当又は剰余金の分配をいう。以下3-3-2及び3-3-5において同じ。）を同一の外国法人から受ける場合において、当該外国法人が外国子会社（法第23条の2第1項《外国子会社から受ける配当等の益金不算入》に規定する「外国子会社」をいう。以下3-3-3及び3-3-5において同じ。）に該当するかどうかは、それぞれの剰余金の配当等の額の支払義務が確定する日（令第22条の4第1項《外国子会社の要件等》に規定する「支払義務が確定する日」をいう。）において当該内国法人の保有する当該外国法人の株式又は出資の数又は金額に基づいて判定することに留意する。

【解　説】

　内国法人が一事業年度中に同一の外国法人から剰余金の配当等を2回以上受ける場合があるが、このような場合であっても、当該外国法人が外国子会社配当益金不算入制度の適用がある外国子会社に該当するかどうかは、それぞれの剰余金の配当等の額ごとに、その支払義務が確定する日以前6か月の期間において当該内国法人の保有する当該外国法人の株式又は出資の数又は金額に基づいて判定することとなる。

　したがって、例えば、外国法人からの剰余金の配当が年2回あるケースで、1回目の剰余金の配当の額の支払義務が確定する日以前6か月間のうちいずれかの期間において株式保有割合が25％以上ではなかったが、株式を買い増したことなどにより、2回目の剰余金の配当の額の支払義務が確定する日以前6か月間を通じて株式保有割合が25％以上となったときには、1回目の剰余金の配当については外国子会社配当益金不算入制度の適用はないが、2回目の剰余金の配当については同制度の適用があることとなる[11]。

---

11) 趣旨説明（2009）

グ通2-7	外国子会社の要件のうち「その状態が継続していること」の意義

　令第22条の4第1項《外国子会社の要件等》の剰余金の配当等の額の支払義務が確定する日以前6月以上継続しているかどうかを判定する場合において、同項第1号の通算法人である内国法人と同号の他の通算法人との間に当該剰余金の配当等の額の支払義務が確定する日以前6月の期間（以下2-8において「株式保有期間」という。）、通算完全支配関係が継続していたかどうかは問わないことに留意する。

【解　説】

　通算グループ全体で継続保有要件の判定をする場合における「その状態」とは、「25％以上の株式等を保有している状態」をいうのであり、「通算法人として25％以上の株式等を保有している状態」をいうのではない。つまり、通算法人が外国法人から剰余金の配当等の額を受けた場合、通算グループ全体で継続保有要件を満たしているかどうかは、次のイ及びロの法人が保有する株式等により判定することとなる。

　イ　通算法人（自ら）
　ロ　剰余金の配当等の額の支払義務が確定する日においてイの通算法人との間に通算完全支配関係のある他の通算法人

　したがって、ロの他の通算法人において、剰余金の配当等の額の支払義務が確定する日以前6か月の期間内に通算法人でない期間が含まれていたとしても、そのことをもって継続保有要件を満たさないことにはならない[12]。

グ通2-8	租税条約の適用がある場合の外国子会社の判定

　通算法人に係る法第23条の2第1項《外国子会社から受ける配当等の益金不算入》に規定する外国子会社の判定において、その判定の対象となる外国法人が租税条約の二重課税排除条項（令第22条の4第7項《外国子会社の要件等》に規定する

12）グ通趣旨説明（2021）8頁

「二重課税排除条項」をいう。以下2-8において同じ。）により当該外国法人の法第23条の2第1項に規定する発行済株式又は出資（その有する自己の株式又は出資を除く。）の総数又は総額に係る保有割合が軽減されている相手国の外国法人である場合には、当該通算法人及び他の通算法人が保有している当該外国法人の発行済株式又は出資の数又は金額を合計した数又は金額の保有割合が25％未満であっても、当該通算法人が当該租税条約の二重課税排除条項に定める保有割合以上の株式又は出資を株式保有期間を通じて保有するときは、当該通算法人については同項の規定の適用があることに留意する。

【解説】

　保有割合要件については、租税条約の二重課税排除条項において外国法人の株式等の保有割合が軽減されている場合には、その軽減された保有割合によることとされているが（法令22の4⑦）、通算法人にあっては、その軽減された保有割合についても通算グループ全体で判定するのか、といった疑問が生ずる。

　この点については、例えば、日米租税条約の第23条1(b)では「合衆国の居住者である法人により当該法人の発行済株式の10％以上を当該配当の支払義務が確定する日に先立つ6箇月の期間を通じて所有する日本国の居住者である法人…」と規定され、条約締結国の一の外国法人と一の内国法人との関係が定められており、他の条約締結国との条約も同様の規定振りで定められていることからすれば、この場合の10％という保有割合は、あくまで一の内国法人が保有している外国法人の株式等の数（出資にあっては、金額）を基礎とする場合に適用されることになる。

　したがって、通算法人である内国法人が外国子会社配当益金不算入制度の適用を受けようとする場合における通算グループ全体の保有割合要件では、租税条約の二重課税排除条項において軽減された10％という割合は適用されず、法人税法及び法人税法施行令に定められた25％という割合が適用されることになる。

　他方、通算グループ全体で当該外国法人の株式等の25％以上を保有していない場合であっても、通算グループに属する通算法人が単独で当該外国法人の株

式等の10%以上を保有しているときには、当該通算法人には外国子会社配当益金不算入制度が適用されることになる[13]。

13) グ通趣旨説明 (2021) 10・11頁

—— **Q&A** ——

Q1

外国子会社から支払を受けた金員が、当該外国子会社の所在地国の法令
等によって配当等と認識されるものであれば、当該金員は、外国子会社配
当益金不算入制度の対象となる剰余金の配当等の額に該当しますか。

Answer

外国子会社配当益金不算入制度の対象となる剰余金の配当等の額は、我
が国の法人税法によって配当等と認識される配当等とされています。

《解 説》

外国子会社の所在地国の法令等によって認識される配当等の範囲と我が国法
人税法において認識される配当等の範囲は、当然のことながら異なるものです
が、外国子会社配当益金不算入制度の対象となる剰余金の配当等の額は、我が
国の法人税法によって配当等と認識される配当等とされています。

《参 考》

財務省（2009）429・430頁

Q2

当社（年1回3月決算）は通算親法人であり、その通算子法人A社、B社及びC社はそれぞれ豪州法人Z社（豪州居住者）の発行済株式について次の割合の株式を保有しています。

A 社	10%
B 社	10%
C 社	3 %
合　計	23%

×年3月期に、A社、B社及びC社は、Z社から配当を受けましたが、この配当についての外国子会社配当益金不算入制度の適用の有無の判定はどのようになりますか。

なお、上記の株式は、いずれにおいても、Z社から受ける配当等の額の支払義務が確定する日以前6か月以上継続して保有しています。

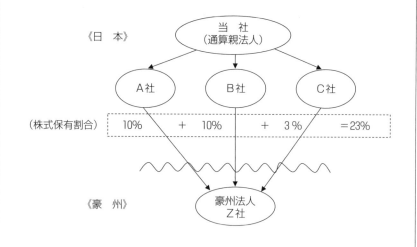

Answer

> 　A社及びB社がZ社から受ける配当については、外国子会社配当益金不算入制度が適用されますが、C社がZ社から受ける配当については、同制度は適用されません。

《解　説》

　日豪租税条約の二重課税排除条項（25条1(b)）においては「…オーストラリアの居住者である法人により、当該法人の議決権のある株式又は発行済株式の10％以上を配当の支払義務が確定する日に先立つ6箇月の期間を通じて所有する日本国の居住者である法人…」と規定されており、この条項は、我が国の居住者である一の法人と条約締結国の居住者である一の外国法人の関係が定められていることからすれば、租税条約の二重課税排除条項の規定により軽減される保有割合は、あくまで一の内国法人が有している外国法人の株式の数を基礎とする場合に適用されることとなります（グ通2-8）。

　したがって、本件のようにA社、B社及びC社が通算法人で、これらの法人におけるZ社株式の保有割合の合計が25％未満である場合であっても、Z社が外国子会社に該当するかどうかの判定は、個々の法人ごとに租税条約の二重課税排除条項の規定により軽減される割合を満たしているどうかにより行うこととなります。その結果、A社及びB社については、それぞれZ社株式の保有割合が10％（10％以上）であることからZ社は外国子会社に該当し、同社から受ける配当には外国子会社配当益金不算入制度が適用されます。一方、C社については、Z社株式の保有割合が3％（10％未満）であることからZ社は外国子会社に該当せず、同社から受ける配当には同制度が適用されないこととなります。

《参　考》

国税庁「外国子会社配当益金不算入制度に関する質疑応答事例」（平成22年7月5日）問2

Q3

通算法人が外国法人から剰余金の配当等を受ける場合において、外国子会社から受ける配当等の益金不算入規定が適用となる外国子会社の判定は、どのようになりますか。

なお、通算法人がその外国法人の株式をその外国法人から受ける剰余金の配当等の支払義務が確定する日以前 6 か月以上継続保有していることを前提とします。

Answer

通算法人が外国法人から剰余金の配当等を受ける場合において、外国子会社から受ける配当等の益金不算入規定の適用がある外国子会社の判定は、原則として、通算グループ全体で保有するその外国法人の株式の保有割合が25％以上であるか否かにより行います。

ただし、通算グループ全体で保有するその外国法人の株式の保有割合が25％未満の場合であっても、その外国法人が租税条約締約国の居住者である法人であり、通算法人単独での保有割合が租税条約の二重課税排除条項で軽減された割合以上である場合には、その外国法人は、外国子会社から受ける配当等の益金不算入規定の適用がある外国子会社に該当し、その通算法人は、当該規定を適用することができます。

《解 説》

通算法人が外国法人から剰余金の配当等を受ける場合において、その外国法人の発行済株式又は出資（その有する自己の株式又は出資を除く。以下「**株式等**」という）の総数又は総額のうちにその通算グループ全体で保有しているその外国法人の株式等の数又は金額の占める割合が25％以上であり、かつ、その状態がその外国法人から受ける剰余金の配当等の支払義務が確定する日以前 6 か月以上継続している場合には、その外国法人は外国子会社に該当し、通算法人は、その外国法人からの剰余金の配当等について、外国子会社から受ける配当等の

益金不算入規定を適用することができます（法法23の２①、法令22の４①）。

　ただし、その外国法人の株式等の総数又は総額のうちにその通算グループ全体で保有しているその外国法人の株式等の数又は金額の占める割合が25％未満である場合であっても、その外国法人が租税条約締約国の居住者である法人で、その外国法人の株式等の総数又は総額のうちにその通算法人単独で保有しているその外国法人の株式等の数又は金額の占める割合が租税条約の二重課税排除条項で軽減された割合以上であり、かつ、その状態がその外国法人から受ける剰余金の配当等の支払義務が確定する日以前６か月以上継続している場合には、その外国法人は外国子会社に該当し、その通算法人は、その外国法人からの剰余金の配当等について、外国子会社から受ける配当等の益金不算入規定を適用することができます（法法23の２①、法令22の４⑦）。

判定チャート

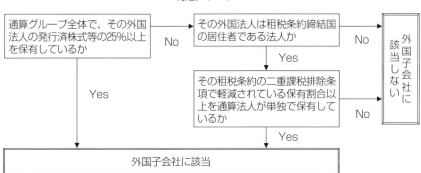

（参考）

　租税条約の二重課税排除条項により株式等の保有割合が軽減されている国

　・アメリカ【10％】（日米租税条約23①(b)）

　・フランス【15％】（日仏租税条約23②(b)）

　・ブラジル【10％】（日伯租税条約22(2)(a)(ii)）

　・オーストラリア【10％】（日豪租税条約25①(b)）

　・オランダ【10％】（日蘭租税条約22②）

　・カザフスタン【10％】（日カザフスタン租税条約22②(b)）

《参 考》

国税庁「グループ通算制度に関する Q&A（令和 2 年 6 月）（令和 2 年 8 月、令和 3 年 6 月改訂）」問65

法法23の2 ② 一・③

益金不算入の対象から除外される
損金算入配当

本セクションの構成

1　解　説

2　用語の意義

3　趣　旨

4　政　令

5　通　達

計算例

Q&A

法法23の2	外国子会社から受ける配当等の益金不算入

2　前項の規定は、次に掲げる剰余金の配当等の額については、適用しない。

　一　内国法人が外国子会社から受ける剰余金の配当等の額で、その剰余金の配当等の額の全部又は一部が当該外国子会社の本店又は主たる事務所の所在す

る国又は地域の法令において当該外国子会社の所得の金額の計算上損金の額
に算入することとされている剰余金の配当等の額に該当する場合におけるそ
の剰余金の配当等の額
3　内国法人が外国子会社から受ける剰余金の配当等の額で、その剰余金の配当
等の額の一部が当該外国子会社の所得の金額の計算上損金の額に算入されたも
のである場合には、前項（第1号に係る部分に限る。）の規定にかかわらず、そ
の受ける剰余金の配当等の額のうちその損金の額に算入された部分の金額とし
て政令で定める金額（次項及び第7項において「損金算入対応受取配当等の額」と
いう。）をもって、同号に掲げる剰余金の配当等の額とすることができる。

Point

　外国子会社の所得の金額の計算上損金の額に算入される配当（損金算入
配当）は、外国子会社配当益金不算入制度の対象外とされている。
① 原則法
　損金算入配当（全部・一部）は、その全額を益金不算入の対象外とす
る。
② 実額法
　損金算入配当（一部）は、実際の損金算入額に対応する部分の額（損
金算入対応受取配当等の額）をもって、益金不算入の対象外とすることが
できる。

1　解　説

(1)　原則法

　内国法人が**外国子会社**[1]から受ける**剰余金の配当等の額**[2]で、その剰余金の配
当等の額の全部又は一部が当該外国子会社の本店所在地国の法令において当該

1）法法23の2①
2）法法23の2①

外国子会社の所得の金額の計算上損金の額に算入することとされている剰余金
の配当等の額に該当する場合におけるその剰余金の配当等の額については、原
則として、その全額を益金不算入の対象外とすることとされている。

(2)　実額法

外国子会社から受ける剰余金の配当等の額の一部が当該外国子会社の所得の
金額の計算上損金の額に算入されたものである場合には、上記(1)にかかわらず、
実際に外国子会社の所得の金額の計算上損金の額に算入された金額に対応する
部分の額をもって、益金不算入の対象外とされる金額とすることができる[3]。

具体的には、内国法人が外国子会社から受けた剰余金の配当等の額に、その
外国子会社における損金算入配当割合を乗じて**損金算入対応受取配当等の額**を
計算し、益金不算入の対象外とされる金額及び益金不算入額を、それぞれ次の
とおりとすることができる。

イ　益金不算入の対象外とされる金額

損金算入対応受取配当等の額

ロ　益金不算入額

（剰余金の配当等の額－損金算入対応受取配当等の額）×95％

2　用語の意義

用　語	意　義
損金算入対応受取配当等の額	次の算式により計算した金額その他合理的な方法により計算した金額 《算式》 内国法人が外国子会社から受けた剰余金の配当等の額 × 分母の剰余金の配当等の額のうち当該外国子会社の所得の金額の計算上損金の額に算入された金額 ÷ 内国法人が外国子会社から受けた剰余金の配当等の額の元本である株式又は出資の総数又は総額につき当該外国子会社により支払われた剰余金の配当等の額

3　趣　旨

　通常、配当は、支払法人の所得の金額の計算上損金の額として認識されないが、一部の外国の法令により、外国子会社の所得の金額の計算上損金の額に算入される配当（損金算入配当）がある。そのような配当の支払を受けた内国法人において、その支払を受けた配当を益金不算入の対象とすると、国際的な二重非課税が生ずることとなる。

　このような国際的な二重非課税への対応として、OECD の「BEPS プロジェクト」の報告書において、配当益金不算入制度を採用している国は、損金算入配当を配当益金不算入制度の対象外とするよう勧告がなされた。この勧告を踏まえ、平成27年度税制改正において、損金算入配当が外国子会社配当益金不算入制度の対象から除外されたものである[4]。

4）財務省（2015）619頁

4　政　令

法令22の４	外国子会社の要件等

４　法第23条の２第３項に規定する政令で定める金額は、同項の内国法人が同項の外国子会社から受けた剰余金の配当等の額に第１号に掲げる金額の第２号に掲げる金額に対する割合を乗じて計算した金額その他合理的な方法により計算した金額とする。
　一　次号に掲げる剰余金の配当等の額のうち当該外国子会社の所得の金額の計算上損金の額に算入された金額
　二　当該内国法人が当該外国子会社から受けた剰余金の配当等の額の元本である株式又は出資の総数又は総額につき当該外国子会社により支払われた剰余金の配当等の額

5　通　達

法通３-３-５	剰余金の配当等の額に係る費用の額の計算

　法第23条の２第３項《外国子会社から受ける配当等の益金不算入》の規定を適用する場合の令第22条の４第２項《外国子会社の要件等》の「剰余金の配当等の額の100分の５に相当する金額」とは、内国法人が外国子会社から受ける剰余金の配当等の額から法第23条の２第３項に規定する損金算入対応受取配当等の額を控除した残額の100分の５に相当する金額をいうことに留意する。

【解　説】
　剰余金の配当等の額の５％に相当する金額は、益金不算入の対象となる剰余金の配当等の額を得るために要した費用の額として控除するものであり、内国法人が外国子会社から受ける剰余金の配当等の額の一部がその外国子会社の所得の金額の計算上損金の額に算入されたものである場合において、当該内国法人が益金不算入の対象外とされる金額の計算について実額法を選択するとき

は、益金不算入の対象となる剰余金の配当等の額から除かれている損金算入対応受取配当等の額に係る費用の額についてはこれを控除する必要はないことから、益金不算入とされる金額の計算における「剰余金の配当等の額の5％に相当する金額」は、内国法人が外国子会社から受ける剰余金の配当等の額から損金算入対応受取配当等の額を控除した残額の5％に相当する金額となる[5]。

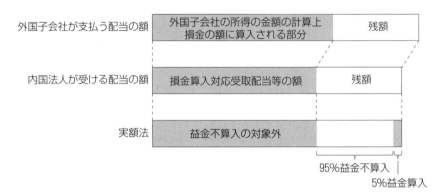

5）趣旨説明（2015）

━━━━━━ **計算例** ━━━━━━

　以下、財務省（2015）620頁を参考に、内国法人Ｐ社が外国子会社Ｓ社（持株割合50％）から損金算入配当の額50（支払総額100のうち、損金算入額80）の支払を受けたケースについて、Ｐ社における計算例を示す。

　なお、Ｓ社の配当支払事業年度の損金算入額については、Ｐ社の配当受領事業年度において確定していたものとする。

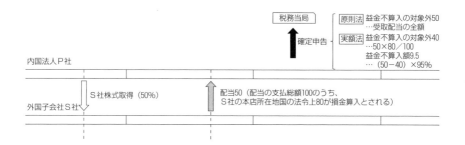

(1)　**原則法**

　原則法を適用すると、その剰余金の配当等の額の一部でも外国子会社の所得の金額の計算上損金の額に算入される場合には、その支払を受ける剰余金の配当等の額の全額が内国法人の所得の金額の計算上益金の額に算入される。

　具体的には、益金不算入の対象外とされる金額は、50（受取配当の全額）となる。

(2)　**実額法**

　実額法を適用すると、実際に外国子会社の所得の金額の計算上損金の額に算入された金額に対応する部分の額をもって、益金不算入の対象外とされる金額とすることができる。

　具体的には、次のとおりとなる。

　イ　益金不算入の対象外とされる金額

$$50 \times \frac{80}{100} = 40$$

ロ　益金不算入額

$$(50 - 40) \times 95\% = 9.5$$

────────── **Q&A** ──────────

Q1

　純資産残高に一定の利子率を乗じた金額について、実際の支払の有無にかかわらず、利子を支払ったものとみなして損金算入する制度（資本利子控除制度）の適用を受けた外国子会社からの剰余金の配当等は、損金算入配当に該当することとなりますか。

Answer

　資本利子控除制度は、実際の配当の支払との間に必ずしも対応関係があるものではないことから、その適用を受けたことのみをもって損金算入配当に該当するということはないものと考えられます。

《参 考》

財務省（2015）619頁

Q2

　法人税法施行規則第8条の5第1項各号に、外国子会社配当益金不算入制度を適用する場合に保存しなければならないこととされる書類が掲げられていますが、このほかに、外国子会社から受ける剰余金の配当等が損金算入配当に該当しないことを明らかにする書類の保存義務は課されていますか。

Answer

> 　損金算入配当に該当しないことを明らかにする書類について特段の規定は設けられていませんが、①外国子会社から受ける剰余金の配当等の元本である株式等の種類（普通株式か優先株式か等）を確認できる書類や、②損益金の処分の決議に関する事項が記載された株主総会の決議書等の保存は最低限必要になるものと考えられます。

《解　説》

　支払配当の損金算入制度を有する一部の外国の制度を前提とすると、損金算入配当に該当しないことを確認するために最低限必要な書類としては、次に掲げる書類が考えられます。

　　イ　外国子会社から受ける剰余金の配当等の元本である株式等の種類（普通株式か優先株式か等）を確認できる書類

　　ロ　損益金の処分の決議に関する事項が記載された株主総会の決議書等

　これらの書類については、外国子会社配当益金不算入制度を適用する場合に保存しなければならないこととされる、「剰余金の配当等の額を支払う外国法人が外国子会社に該当することを証する書類」（法規8の5①一）や「外国子会社の剰余金の配当等の額に係る事業年度の損益金の処分に関する計算書その他これに類する書類」（法規8の5①二）に該当するものと考えられることから、法人税法施行規則第8条の5第1項各号のほかに、特段の保存義務は課されていません。

《参　考》

財務省（2015）619頁

法法23の2 ② 二

益金不算入の対象から除外される
一定のみなし配当

本セクションの構成

1　解　説
2　趣　旨
3　政　令
4　通　達
Q&A

法法23の2　外国子会社から受ける配当等の益金不算入

2　前項の規定は、次に掲げる剰余金の配当等の額については、適用しない。

　二　内国法人が外国子会社から受ける剰余金の配当等の額（次条第1項（第5
　　号に係る部分に限る。）の規定により、その内国法人が受ける剰余金の配当等の額
　　とみなされる金額に限る。以下この号において同じ。）の元本である株式又は出
　　資で、その剰余金の配当等の額の生ずる基因となる同項第5号に掲げる事由

が生ずることが予定されているものの取得（適格合併又は適格分割型分割による引継ぎを含む。）をした場合におけるその取得をした株式又は出資に係る剰余金の配当等の額（その予定されていた事由に基因するものとして政令で定めるものに限る。）

Point

　内国法人が、外国子会社による自己株式の取得が予定されている株式を取得し、これが予定どおり取得されたことに基因して受けるみなし配当の額は、外国子会社配当益金不算入制度の対象外とされている。

1 解 説

　内国法人が、**外国子会社**[1]による自己株式等の取得が予定されている株式等を取得した場合において、その取得した株式等に係るみなし配当の額で、その予定されていた事由に基因して受けるものについては、外国子会社配当益金不算入制度の対象外とされている。

(1) 自己株式等の取得が予定されている株式等

　外国子会社配当益金不算入制度の対象外とされるみなし配当の元本である株式等は、外国子会社による自己株式等の取得が予定されているものに限られている。

　ここで、「自己株式等の取得」には、金融商品取引所の開設する市場における取得等、みなし配当の額の生じない法令23③各号に掲げる事由による取得（注）及び取得請求権付株式等の請求権の行使等による取得で、法法61の2⑭一〜三の規定により株主の譲渡損益の計上が繰り延べられるものは含まれない

1）法法23の2①

（法法24①五.）[2][3]。

(注)　具体的には、次に掲げる事由による取得である。

イ　金融商品取引所（これに類するもので外国の法令に基づき設立されたものを含む）の開設する市場における購入

ロ　店頭売買登録銘柄（株式で、認可金融商品取引業協会が、その定める規則に従い、その店頭売買につき、その売買価格を発表し、かつ、当該株式の発行法人に関する資料を公開するものとして登録したものをいう）として登録された株式のその店頭売買による購入

ハ　金融商品取引業のうち金商法２⑧十に掲げる行為を行う者が有価証券の売買の媒介、取次ぎ又は代理をする場合におけるその売買（顧客の間の交渉に基づく価格を用いる方法により売買価格が決定されるものを除く）

ニ　事業の全部の譲受け

ホ　合併又は分割若しくは現物出資（適格分割若しくは適格現物出資又は事業を移転し、かつ、当該事業に係る資産に当該分割若しくは現物出資に係る分割承継法人若しくは被現物出資法人の株式が含まれている場合の当該分割若しくは現物出資に限る）による被合併法人又は分割法人若しくは現物出資法人からの移転

ヘ　適格分社型分割（分割承継親法人の株式が交付されるものに限る）による分割承継法人からの交付

ト　金銭等不交付株式交換（法法61の２⑨に規定する政令で定める関係がある法人の株式が交付されるものに限る）による株式交換完全親法人からの交付

チ　合併に反対する当該合併に係る被合併法人の株主等の買取請求に基づく買取り

リ　会社法182の４①（反対株主の株式買取請求）（資産流動化法38・50①において準用する場合を含む）、会社法192①（単元未満株式の買取りの請求）又は会社法234④（１に満たない端数の処理）（会社法235②又は他の法律において準用する場合を含む）の規定による買取り

ヌ　全部取得条項付種類株式を発行する旨の定めを設ける定款等の変更に反対する株主等の買取請求に基づく買取り（その買取請求の時に

2）財務省（2006）264頁

3）財務省（2010）338頁

おいて、当該全部取得条項付種類株式の取得決議に係る取得対価の割当てに関する事項（当該株主等に交付する当該買取りをする法人の株式の数が1に満たない端数となるものに限る）が当該株主等に明らかにされている場合（法法61の2⑭に規定する場合に該当する場合に限る）における当該買取りに限る）

ル　全部取得条項付種類株式に係る取得決議（当該取得決議に係る取得の価格の決定の申立てをした者でその申立てをしないとしたならば当該取得の対価として交付されることとなる当該取得をする法人の株式の数が1に満たない端数となるものからの取得（法法61の2⑭に規定する場合に該当する場合における当該取得に限る）に係る部分に限る）

ヲ　会社法167③（効力の発生）若しくは会社法283（1に満たない端数の処理）に規定する1株に満たない端数（これに準ずるものを含む）又は投資信託法88の19（1に満たない端数の処理）に規定する1口に満たない端数に相当する部分の対価としての金銭の交付

(2)　取　得

「取得」には、適格合併又は適格分割型分割による引継ぎが含まれる。

(3)　予定されていた事由に起因するもの

益金不算入の対象外とされる自己株式等の取得によるみなし配当の額は、その予定されていた事由に基因するものに限られている。

ただし、その取得した株式等が、適格合併、適格分割又は適格現物出資により被合併法人、分割法人又は現物出資法人（以下「**被合併法人等**」という）から移転を受けたものである場合には、益金不算入の対象外とされるみなし配当の額は、その予定されていた事由が当該被合併法人等の当該株式等の取得の時においても生ずることが予定されていた場合における当該事由に基因するものに限られている（法令22の4③一）。具体的には、❶被合併法人等における取得の時点と❷合併法人、分割承継法人又は被現物出資法人の取得又は引継ぎの時点の両方の時点で自己株式等としての取得が予定されている場合に益金不算入の対象外とされることとなる[4]。

　なお、適格現物分配については、事業の移転を前提とされていないことから、被現物分配法人の取得の時点で自己株式等としての取得が予定されている場合に益金不算入の対象外とすることとされている[5]。

2　趣　旨

　自己株式として取得されることが予定されている株式について、通常の投資利益を目的とせずに、税務上の譲渡損失の計上を行うことを目的として取得し、これが予定どおり取得されることによりその目的を達成するといったことを典型とする、みなし配当と譲渡損益の構造を租税回避的に利用した行為を防止するための措置である[6]。

3　政　令

法令22の4	外国子会社から受ける配当等の益金不算入に関する書類
3　法第23条の２第２項第２号に規定する政令で定めるものは、同号の内国法人の受ける同号に規定する取得をした株式又は出資（第１号において「取得株式等」という。）に係る剰余金の配当等の額（法第24条第１項（第５号に係る部分に限る。）の規定により、当該内国法人が受ける法第23条の２第１項に規定する剰余金の配当等の額とみなされる金額をいう。以下この項において同じ。）で、次の各号に掲げる場合の区分に応じ当該各号に定めるものとする。 一　当該取得株式等が適格合併、適格分割又は適格現物出資により被合併法人、分割法人又は現物出資法人（以下この号において「被合併法人等」という。）から移転を受けたものである場合 　　法第23条の２第２項第２号に規定する予定されていた事由が当該被合併法人等の当該取得株式等の取得の時においても生ずることが予定されていた場	

4）財務省（2010）339頁
5）財務省（2010）339頁
6）財務省（2010）338頁

合における当該事由に基因する剰余金の配当等の額
　二　前号に掲げる場合以外の場合
　　　法第23条の２第２項第２号に規定する予定されていた事由に基因する剰余
　　金の配当等の額

4 通 達

法通3-3-4	自己株式等の取得が予定されている株式等

　法第23条の２第２項第２号《外国子会社から受ける配当等の益金不算入》の規
定を適用する場合における同号に規定する「その剰余金の配当等の額の生ずる基
因となる同項第５号に掲げる事由が生ずることが予定されているもの」について
は、３-１-８《自己株式等の取得が予定されている株式等》の取扱いを準用する。

【解 説】

　法法23の２②二に規定する「その剰余金の配当等の額の生ずる基因となる同
項第５号に掲げる事由が生ずることが予定されているもの」については、法通
３-１-８の取扱いを準用することとされている。

法通3-1-8	自己株式等の取得が予定されている株式等

　法第23条第３項《自己株式の取得が予定された株式に係る受取配当等の益金不
算入の不適用》に規定する「その配当等の額の生ずる基因となる同号に掲げる事
由が生ずることが予定されているもの」とは、法人が取得する株式等について、
その株式等の取得時において法第24条第１項第５号《自己株式等の取得》に掲げ
る事由が生ずることが予定されているものをいうことから、例えば、上場会社等
が自己の株式の公開買付けを行う場合における公開買付期間（金融商品取引法第
27条の５に規定する「公開買付期間」をいう。以下３-１-８において同じ。）中
に、法人が当該株式を取得したときの当該株式がこれに該当する。
　（注）　法人が、公開買付けを行っている会社の株式をその公開買付期間中に取得した
　　　場合において、当該株式についてその公開買付けによる買付けが行われなかった

ときには、その後当該株式に法第24条第１項第５号に掲げる事由が生じたことにより同項に規定する配当等の額を受けたとしても、当該配当等の額については法第23条第３項の規定の適用がないことに留意する。

【解説】

　法人が、発行法人による自己株式等の取得が予定されている株式等を取得した場合において、その取得した株式等に係るみなし配当の額で、その予定されていた事由に基因して受けるものについては、受取配当等の益金不算入の規定を適用しないこととされている（法法23③）。

　この場合の「自己株式等の取得が予定されている株式等」とは、法人が取得する株式等のうち、その株式等の取得時において、発行法人が自己株式等として取得することが具体的に予定されているものをいうから、例えば、❶上場会社等が自己の株式の公開買付けを行う場合における公開買付期間中に、法人が取得した当該上場会社等の株式のほか、❷上場会社等が合併等を行う旨を公告した後、反対株主の株式買取請求を行うことができる期間に法人が取得した買取請求の対象となる当該上場会社等の株式は、これに該当することになる。

　ただし、例えば、❸取得請求権付株式（会社法２十八）や取得条項付株式（会社法２十九）は、単に取得請求権や取得条項が付されていることのみをもって自己株式の取得が具体的に予定されているとまではいえないことから、法人がこれを取得したとしても、「自己株式等の取得が予定されている株式等」に該当せず、また、❹法人が、公開買付けを行っている会社の株式をその公開買付期間中に取得した場合において、当該公開買付けによる買付けが行われなかったときには、その後に当該株式を発行法人に譲渡したことによりみなし配当を受けたとしても、そのみなし配当の額は、「その予定されていた事由に基因して受けるもの」に該当しないことから、受取配当等の益金不算入の規定の適用があることとなる[7]。

7）趣旨説明（2010）

—————————— **Q&A** ——————————

Q1

　自己株式としての取得が予定されている外国子会社の株式を取得した場合において、これについて自己株式の取得によるみなし配当でない配当があったときは、その配当の額については、外国子会社配当益金不算入制度が適用されないこととなりますか。

Answer

　益金不算入の対象になるものと考えられます。

《解　説》

　益金不算入の対象外とされるみなし配当の額は、その予定されていた事由に基因するものに限られています。

《参　考》

財務省（2010）339頁

法法23の2 ④

実額法の適用を受けた後に
損金算入対応受取配当等の額が
増額された場合

本セクションの構成

1　解　説
2　政　令
計算例

| 法法23の2 | 外国子会社から受ける配当等の益金不算入 |

4　内国法人が外国子会社から受けた剰余金の配当等の額につき前項の規定の適用を受けた場合において、当該剰余金の配当等の額を受けた日の属する事業年度後の各事業年度において損金算入対応受取配当等の額が増額されたときは、第2項第1号に掲げる剰余金の配当等の額は、同項（同号に係る部分に限る。）及び前項の規定にかかわらず、その増額された後の損金算入対応受取配当等の額として政令で定める金額とする。

Point

> 　損金算入配当について実額法（法法23の２③）の適用を受けた事業年度
> 後において、損金算入対応受取配当等の額が増額された場合には、配当事
> 業年度に遡って益金算入額を修正する必要がある。

1　解　説

　内国法人が**外国子会社**[1]から受けた**剰余金の配当等の額**[2]につき**実額法**[3]の適用を受けた場合において、当該剰余金の配当等の額を受けた日の属する事業年度後の各事業年度において**損金算入対応受取配当等の額**[4]が増額されたときは、益金不算入の対象外とされる金額は、次の算式により計算した金額その他合理的な方法により計算した金額とされる（法令22の４⑤）。

《算式》

$$内国法人が外国子会社から受けた剰余金の配当等の額 \times \frac{分母の剰余金の配当等の額のうち当該外国子会社の所得の金額の計算上損金の額に算入された金額（増加した後の金額）}{内国法人が外国子会社から受けた剰余金の配当等の額の元本である株式又は出資の総数又は総額につき当該外国子会社により支払われた剰余金の配当等の額}$$

　したがって、この場合には、その剰余金の配当等の額を受けた日の属する事業年度の益金不算入額を再計算する必要がある。内国法人が外国子会社から受けた剰余金の配当等の額に係る益金算入部分の金額につき修正を行うことから、損金算入対応受取配当等の額の増額のあった当期において修正処理を行う

---

[1]　法法23の２①
[2]　法法23の２①
[3]　法法23の２③
[4]　法法23の２③

のではなく、内国法人のその剰余金の配当等の額を受けた日の属する事業年度に遡って修正処理を行うこととなる[5]。

2　政　令

法令22の4	外国子会社の要件等
5　法第23条の2第4項に規定する政令で定める金額は、前項第1号に掲げる金額が増加した場合におけるその増加した後の金額を同号に掲げる金額として同項の規定を適用するものとした場合に計算される金額その他合理的な方法により計算した金額とする。	

5）財務省（2015）622頁

—————————— **計算例** ——————————

　以下、財務省（2015）622頁を参考に、内国法人Ｐ社が外国子会社Ｓ社（持株割合100％）から損金算入配当の額100（支払総額100のうち、損金算入額50）の支払を受けたケースについて、Ｐ社における計算例を示す。

　なお、Ｓ社の配当支払事業年度の損金算入額については、Ｐ社の配当受領事業年度においては確定しておらず、その後、50で一旦確定したが、さらにその後、70に増額したものとする。

(1)　配当受領事業年度におけるＰ社の処理

　原則法を適用すると、その剰余金の配当等の額の一部でも外国子会社の所得の金額の計算上損金の額に算入される場合には、その支払を受ける剰余金の配当等の額の全額が内国法人の所得の金額の計算上益金の額に算入される。

　具体的には、益金不算入の対象外とされる金額は、100（受取配当の全額）となる。

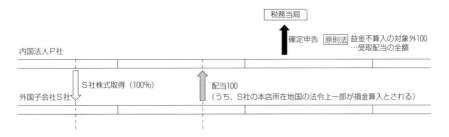

(2)　配当受領事業年度後に、Ｓ社の申告により配当支払事業年度の損金算入額が50で一旦確定した場合のＰ社の配当受領事業年度に係る益金算入額の処理

　実額法を適用すると、更正の請求によって、配当受領事業年度の益金算入額を減額すること（100→52.5）が可能である。

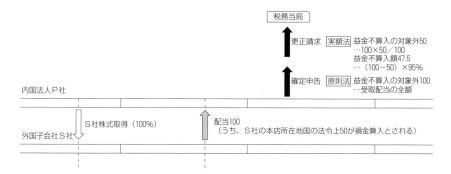

　なお、引き続き原則法を適用する場合は、配当受領事業年度の益金算入額を調整する必要はない。以下、(2)の時点では、実額法を適用したことを前提とする。

(3)　**(2)の後の事業年度に、Ｓ社の配当支払事業年度の損金算入額が70に増額した場合のＰ社の配当受領事業年度に係る益金算入額の処理**

　修正申告によって、その増額された損金算入額に基づいて、配当受領事業年度の益金算入額を調整（52.5→71.5）する必要がある。

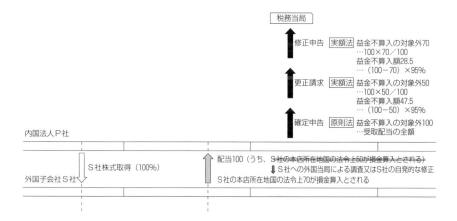

法法23の2 ⑤

保存書類等

本セクションの構成

---

1 解 説
2 趣 旨
3 省 令
4 通 達
Q&A

法法23の2	外国子会社から受ける配当等の益金不算入

5 第1項の規定は、確定申告書、修正申告書又は更正請求書に益金の額に算入
されない剰余金の配当等の額及びその計算に関する明細を記載した書類の添付
があり、かつ、財務省令で定める書類を保存している場合に限り、適用する。
この場合において、同項の規定により益金の額に算入されない金額は、当該金
額として記載された金額を限度とする。

Point

外国子会社配当益金不算入制度の適用要件として、次の要件が課されている。
① 確定申告書、修正申告書又は更正請求書への明細書の添付要件
② 配当通知書、損益金処分計算書、タックス・レシートなどの書類の保存要件

1 解 説

外国子会社配当益金不算入制度は、下記(1)及び(2)の要件をいずれも満たす場合に限り、適用することとされている。この場合において、益金不算入とされる金額は、確定申告書、修正申告書又は更正請求書に記載された金額を限度とすることとされている。

(1) 明細書の添付要件

確定申告書、修正申告書又は更正請求書に❶益金不算入とされる**剰余金の配当等の額**[1]及び❷その計算に関する明細を記載した書類の添付があること

(2) 書類の保存要件

次に掲げる書類を保存していること

イ　剰余金の配当等の額を支払う外国法人が**外国子会社**[2]に該当することを証する書類（法規８の５①一）

具体的には、内国法人の持株割合が25％以上であること、剰余金の配当等の額の支払義務が確定する日及び保有期間が６か月以上であることを証する書類として配当通知書や資本金の払込みを証する書類等がこれに当た

１）法法23の２①
２）法法23の２①

　る[3]。

ロ　外国子会社の剰余金の配当等の額に係る事業年度の貸借対照表、損益計
　算書及び株主資本等変動計算書、損益金の処分に関する計算書その他これ
　らに類する書類（法規8の5①二）

ハ　外国子会社から受ける剰余金の配当等の額に係る外国源泉税等の額があ
　る場合には、❶当該外国源泉税等の額を課されたことを証する当該外国源
　泉税等の額に係る申告書の写し又はこれに代わるべき当該外国源泉税等の
　額に係る書類及び❷当該外国源泉税等の額が既に納付されている場合には
　その納付を証する書類（法規8の5①三）

　　具体的には、タックス・レシート等がこれに当たる[4]。

2　趣　旨

　法規8の5①各号に掲げる書類は、いずれも平成21年度税制改正前の間接外
国税額控除制度において添付要件とされていたものであるが、同改正の趣旨で
ある制度の簡素化及び納税者の事務負担の軽減等に配慮し、いずれも保存要件
とされたものである[5]。

3　省　令

法規8の5	外国子会社から受ける配当等の益金不算入に関する書類
1　法第23条の2第5項（外国子会社から受ける配当等の益金不算入）に規定する 財務省令で定める書類は、次に掲げる書類とする。 　一　法第23条の2第1項に規定する剰余金の配当等の額（以下この条において 　「剰余金の配当等の額」という。）を支払う外国法人が同項に規定する外国子会	

3）財務省（2009）430頁
4）財務省（2009）431頁
5）財務省（2009）431頁

社（以下この条において「外国子会社」という。）に該当することを証する書類

二　外国子会社の剰余金の配当等の額に係る事業年度の貸借対照表、損益計算書及び株主資本等変動計算書、損益金の処分に関する計算書その他これらに類する書類

三　外国子会社から受ける剰余金の配当等の額に係る法第39条の２（外国子会社から受ける配当等に係る外国源泉税等の損金不算入）に規定する外国源泉税等の額（以下この号において「外国源泉税等の額」という。）がある場合には、当該外国源泉税等の額を課されたことを証する当該外国源泉税等の額に係る申告書の写し又はこれに代わるべき当該外国源泉税等の額に係る書類及び当該外国源泉税等の額が既に納付されている場合にはその納付を証する書類

4　通　達

法通3-3-6	外国源泉税等の額を課されたことを証する書類

規則第8条の5第1項第3号《外国子会社から受ける配当等の益金不算入に関する書類》の「外国源泉税等の額を課されたことを証する……その納付を証する書類」には、申告書の写し又は現地の税務官署が発行する納税証明書等のほか、更正若しくは決定に係る通知書、賦課決定通知書、納税告知書、源泉徴収の外国源泉税等に係る源泉徴収票その他これらに準ずる書類又はこれらの書類の写しが含まれる。

【解　説】

　タックス・レシート等の書類の保存を求める趣旨は、剰余金の配当等に係る外国源泉税等の額がある場合、内国親法人に受取配当等の額として具体的にキャッシュ・インされる金額は当該外国源泉税等の額が控除された後の金額となるため、この外国源泉税等の額が明らかにされないと、外国子会社配当益金不算入制度の適用対象となる剰余金の配当等の額そのものが明らかとされないといった実務上の問題等があるからである。

　本通達に列挙されているもの以外のものでも、その外国源泉税等を課された

国の税制等からみて、当該外国源泉税等の課税事実ないしは納付事実を証明することができるものであれば良いが、一般的に考えられるのは、ここに列挙されているような書類が外国源泉税等の課税事実又は納付事実を証明することになろう[6]。

6）趣旨説明（2009）

--- **Q&A** ---

Q1

　外国子会社配当益金不算入制度について、当初申告時に選択をしていない場合であっても、更正の請求により事後的に同制度を適用することはできますか。

　また、当初申告において適用金額につき計算誤り等があった場合に、更正の請求により当初申告の確定申告書に記載された金額を超えて増額することはできますか。

Answer

　更正請求書に適用金額の記載がされた書類を添付等することにより、事後的な適用を受けることができます。

　また、更正の請求により、適正に計算された正当額まで当初申告時の適用金額を増額することができます。

《解　説》

　平成23年12月改正において、当初申告要件は廃止されています。

《参　考》

　財務省（2012）210頁

法法23の２ ⑥

宥恕規定

本セクションの構成

1　解　説

法法23の２	外国子会社から受ける配当等の益金不算入

6　税務署長は、第１項の規定により益金の額に算入されないこととなる金額の全部又は一部につき前項に規定する財務省令で定める書類の保存がない場合においても、その書類の保存がなかったことについてやむを得ない事情があると認めるときは、その書類の保存がなかった金額につき第１項の規定を適用することができる。

Point

書類の保存義務（法法23の２⑤）には、宥恕規定が設けられている。

1 解 説

　益金不算入とされる金額の全部又は一部につき保存すべき書類の保存がない場合においても、その書類の保存がなかったことについてやむを得ない事情があると税務署長が認めるときは、その書類の保存がなかった金額につき外国子会社配当益金不算入制度の適用を受けることができることとされている。

法法23の2 ⑦

実額法の適用要件

本セクションの構成

---

1 解 説

2 政 令

計算例

| 法法23の2 | 外国子会社から受ける配当等の益金不算入 |

7 第3項の規定は、同項の剰余金の配当等の額を受ける日の属する事業年度に
係る確定申告書、修正申告書又は更正請求書に同項の規定の適用を受けようと
する旨並びに損金算入対応受取配当等の額及びその計算に関する明細を記載し
た書類の添付があり、かつ、外国子会社の所得の金額の計算上損金の額に算入
された剰余金の配当等の額を明らかにする書類その他の財務省令で定める書類
を保存している場合に限り、適用する。

Point

> 実額法（法法23の2③）の適用要件として、次の要件が課されている。
> ①　確定申告書、修正申告書又は更正請求書への明細書の添付要件
> ②　外国子会社の本店所在地国の法令上損金算入とされる金額を明らか
> にする書類、当該法令により課される法人税に相当する税に関する申
> 告書などの書類の保存要件

1　解　説

　実額法[1)]は、下記(1)及び(2)の要件をいずれも満たす場合に限り、適用することとされている。

(1)　明細書の添付要件

　剰余金の配当等の額[2)]を受ける日の属する事業年度に係る確定申告書、修正申告書又は更正請求書に❶**実額法の適用を受けようとする旨**並びに❷**損金算入対応受取配当等の額**[3)]及びその計算に関する明細を記載した書類の添付があること

(2)　書類の保存要件

　次に掲げる書類を保存していること
　イ　**外国子会社**[4)]の所得の金額の計算上損金の額に算入された剰余金の配当
　　等の額を明らかにする書類（法規8の5②一）
　ロ　外国子会社の本店所在地国の法令により課される法人税に相当する税に
　　関する申告書でイの剰余金の配当等の額に係る事業年度に係るものの写し

1）法法23の2③
2）法法23の2①
3）法法23の2③
4）法法23の2①

　（法規8の5②二）

ハ　損金算入対応受取配当等の額の計算に関する明細を記載した書類（法規
　　8の5②三）

ニ　外国子会社の剰余金の配当等の額に係る事業年度の貸借対照表、損益計
　　算書及び株主資本等変動計算書、損益金の処分に関する計算書その他これ
　　らに類する書類（法規8の5②四・①二）

ホ　その他参考となるべき事項を記載した書類（法規8の5②五）

　また、内国法人の確定申告の時点では原則法に基づく金額を益金の額に算入
し、その後、更正の請求によって、配当受領事業年度の益金算入額について実
額法による計算を行うこともできる[5]。

2　政　令

法規8の5	外国子会社から受ける配当等の益金不算入に関する書類

2　法第23条の2第7項に規定する財務省令で定める書類は、次に掲げる書類と
　する。
　一　外国子会社の所得の金額の計算上損金の額に算入された剰余金の配当等の
　　　額を明らかにする書類
　二　外国子会社の本店又は主たる事務所の所在する国又は地域の法令により課
　　　される法人税に相当する税に関する申告書で前号の剰余金の配当等の額に係
　　　る事業年度に係るものの写し
　三　法第23条の2第3項に規定する損金算入対応受取配当等の額の計算に関す
　　　る明細を記載した書類
　四　前項第2号に掲げる書類
　五　その他参考となるべき事項を記載した書類

5）財務省（2015）621頁

───────── **計算例** ─────────

　以下、財務省（2015）621頁を参考に、内国法人Ｐ社が外国子会社Ｓ社（持株割合100%）から損金算入配当の額100（支払総額100のうち、損金算入額90）の支払を受けたケースについて、Ｐ社における計算例を示す。

　なお、Ｓ社の配当支払事業年度の損金算入額については、Ｐ社の配当受領事業年度においては確定しておらず、その後、90で一旦確定したが、さらにその後、70に減額したものとする。

⑴　配当受領事業年度におけるＰ社の処理

　原則法を適用すると、その剰余金の配当等の額の一部でも外国子会社の所得の金額の計算上損金の額に算入される場合には、その支払を受ける剰余金の配当等の額の全額が内国法人の所得の金額の計算上益金の額に算入される。

　具体的には、益金不算入の対象外とされる金額は、100（受取配当の全額）となる。

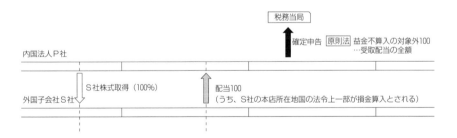

⑵　配当受領事業年度後に、Ｓ社の申告により配当支払事業年度の損金算入額が90で一旦確定した場合のＰ社の配当受領事業年度に係る益金算入額の処理

　実額法を適用すると、更正の請求によって、配当受領事業年度の益金算入額を減額すること（100→90.5）が可能である。

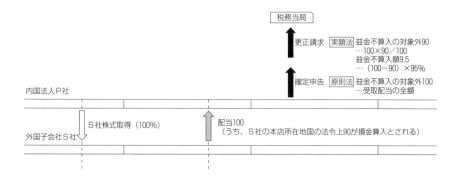

　なお、引き続き原則法を適用する場合は、配当受領事業年度の益金算入額を調整する必要はない。以下、(2)の時点では、原則法を適用したことを前提とする。

(3) (2)の後の事業年度に、S社の配当支払事業年度の損金算入額が70に減額した場合のP社の配当受領事業年度に係る益金算入額の処理

　実額法を適用すると、更正の請求によって、配当受領事業年度の益金算入額を減額すること（100→71.5）が可能である。

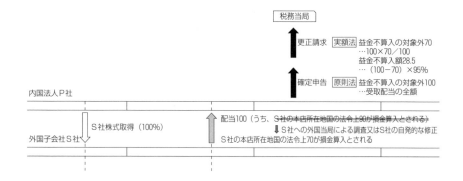

法法23の2 ⑧

適格組織再編成の場合における
外国子会社の判定

本セクションの構成

1　解　説
2　政　令

| 法法23の2 | 外国子会社から受ける配当等の益金不算入 |

8　適格合併、適格分割、適格現物出資又は適格現物分配により外国法人の株式
　又は出資の移転が行われた場合における第1項の規定の適用その他同項から第
　4項までの規定の適用に関し必要な事項は、政令で定める。

Point

　内国法人が適格合併等により被合併法人等からその保有する持株割合が
25％以上の外国法人の株式等の移転を受けた場合には、外国子会社の判定

> （保有期間）上、被合併法人等の適格合併等前における所有期間をその内
> 国法人の所有期間に含める。

1 解 説

　外国子会社[1]の判定（保有期間）に関し、内国法人が、適格合併、適格分割、
適格現物出資又は適格現物分配により被合併法人、分割法人、現物出資法人又
は現物分配法人（注）（以下「**被合併法人等**」という）からその保有する❶外国
法人の**発行済株式等**[2]の25％以上の数若しくは金額の株式等又は❷議決権のあ
る株式等の25％以上の数若しくは金額の株式等の移転を受けた場合には、当該
被合併法人等がこれらの株式等を保有していた期間は、当該内国法人がこれら
の株式等を保有していた期間とみなすこととされている（法令22の4⑥）。

　　（注）　当該内国法人との間に通算完全支配関係があるものを除く。

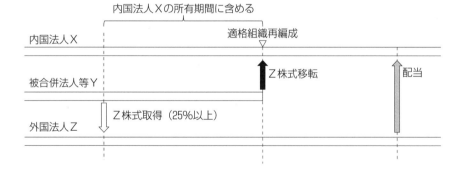

1）法法23の2①
2）法令22の4①一

2 政　令

法令22の4	外国子会社の要件等

6　内国法人が適格合併、適格分割、適格現物出資又は適格現物分配により被合併法人、分割法人、現物出資法人又は現物分配法人（当該内国法人との間に通算完全支配関係があるものを除く。以下この項において「被合併法人等」という。）からその外国法人の発行済株式等の100分の25以上に相当する数若しくは金額の株式若しくは出資又は当該外国法人の発行済株式等のうちの議決権のある株式若しくは出資の数若しくは金額の100分の25以上に相当する数若しくは金額の当該株式若しくは出資の移転を受けた場合における第1項の規定の適用については、当該被合併法人等がこれらの株式又は出資を保有していた期間は、当該内国法人がこれらの株式又は出資を保有していた期間とみなす。

2

第2章

■

子会社株式簿価減額特例

■

法令119の3 ⑦柱書

1単位当たりの帳簿価額の
算出方法

本セクションの構成

---

1 背 景

2 解 説

3 用語の意義

4 趣 旨

5 通 達

別 表

計算例

Q&A

法令119の3	移動平均法を適用する有価証券について評価換え等があった場合の１単位当たりの帳簿価額の算出の特例

7　内国法人が他の法人（当該内国法人が通算法人である場合には、第５項に規定する他の通算法人を除く。）から法第23条第１項各号（受取配当等の益金不算入）に掲げる金額（以下この条において「配当等の額」という。）を受ける場合（当該配当等の額に係る決議日等において当該内国法人と当該他の法人との間に特定支配関係がある場合に限る。）において、その受ける配当等の額（当該他の法人に法第24条第１項各号（配当等の額とみなす金額）に掲げる事由（当該内国法人において法第61条の２第17項（有価証券の譲渡益又は譲渡損の益金又は損金算入）の規定の適用があるものに限る。）が生じたことに基因して法第24条第１項の規定により法第23条第１項第１号又は第２号に掲げる金額とみなされる金額（以下この項において「完全支配関係内みなし配当等の額」という。）を除く。以下この条において「対象配当等の額」という。）及び同一事業年度内配当等の額（当該対象配当等の額を受ける日の属する事業年度開始の日（同日後に当該内国法人が当該他の法人との間に最後に特定支配関係を有することとなった場合には、その有することとなった日）からその受ける直前の時までの間に当該内国法人が当該他の法人から配当等の額を受けた場合（当該配当等の額に係る決議日等において当該内国法人と当該他の法人との間に特定支配関係があった場合に限る。）におけるその受けた配当等の額（完全支配関係内みなし配当等の額を除く。）をいう。以下この条において同じ。）の合計額が当該対象配当等の額及び同一事業年度内配当等の額に係る各基準時の直前において当該内国法人が有する当該他の法人の株式等（株式又は出資をいい、移動平均法によりその１単位当たりの帳簿価額を算出するものに限る。以下第十項までにおいて同じ。）の帳簿価額のうち最も大きいものの100分の10に相当する金額を超えるとき（次に掲げる要件のいずれかに該当するときを除く。）は、当該内国法人が有する当該他の法人の株式等の当該対象配当等の額に係る基準時における移動平均法により算出した１単位当たりの帳簿価額は、当該株式等の当該基準時の直前における帳簿価額から当該対象配当等の額のうち法第23条第１項、第23条の２第１項（外国子会社から受ける配当等の益金不算入）又は第62条の５第４項（現物分配による資産の譲渡）の規定（以下この条において「益金不算入規定」という。）により益金の額に算入されない金額（同一事業年度内配当等の額のうちにこの項の規定の適用を受けなかったものがある場合には、その適用を受けなかった同一事業年度内配当等の額のうち益金不算入規定により益金の額に算入されない金額の合計額を含

む。）に相当する金額を減算した金額を当該株式等の数で除して計算した金額
とする。

一～四

Point

内国法人が子会社から配当等の額を受ける場合（配当決議日において特
定支配関係がある場合に限る）において、その配当等の額（その事業年度開
始の日からその受ける直前までに子会社から受けた配当等の額を含む）が株式
等の帳簿価額の10％相当額を超える場合には、その配当等の額のうち益金
不算入相当額を、子会社の株式等の帳簿価額から減額する。

1 背 景

　令和2年度税制改正前の制度では、親会社が子会社株式を取得した後、その
取得前に子会社が蓄積した留保利益相当部分を配当として非課税（全部又は一
部を益金不算入）で受けるとともに、その配当により時価が下落した子会社株
式を譲渡することにより、親会社が実質的に投資の回収を行っている状態であ
ると認められるにもかかわらず、経済実態を伴わない税務上の損失を創出させ
ることが可能となっていた。

　また、親会社が子会社株式を取得した後、その子会社が自己株式の取得を行
う場合において、その取得に伴い子会社から親会社に交付される金銭等のうち、
その一部をみなし配当として非課税（全部又は一部を益金不算入）で受けるとと
もに、みなし配当以外の部分が株式の譲渡対価とされることによって生ずる子
会社株式の譲渡損失についても同様であった。

　そのため、親会社が一定の支配関係にある外国子会社等から一定の配当等の
額（みなし配当の金額を含む）を受ける場合、子会社の株式の帳簿価額から、そ
の配当等の額につき益金不算入とされた金額相当額を減額する特例（子会社株

式簿価減額特例）を創設することとし、このような税務上の損失の計上を防止することとされた[1]。

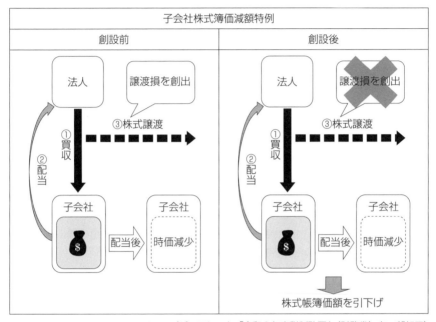

（パンフレット「令和2年度税制改正」（財務省）を一部加工）

2　解　説

　内国法人が他の法人（注1）から**配当等の額**を受ける場合（注2）において、❶**対象配当等の額**及び❷**同一事業年度内配当等の額**の合計額が当該対象配当等の額及び同一事業年度内配当等の額に係る各**基準時**[2]の直前において当該内国法人が有する当該他の法人の**株式等**の帳簿価額のうち最も大きいものの10%に相当する金額を超えるときは、当該内国法人が有する当該他の法人の株式等の当該対象配当等の額に係る基準時における移動平均法により算出した1単位当

1）財務省（2020）474・475頁
2）法令119の3⑨三

たりの帳簿価額は、当該株式等の当該基準時の直前における帳簿価額から当該
対象配当等の額のうち**益金不算入規定**により益金の額に算入されない金額（注
3）に相当する金額を減算した金額を当該株式等の数で除して計算した金額と
することとされている。

　なお、対象配当等の額と同一事業年度内配当等の額との合計額が2,000万円
を超えないこと等の一定の要件を満たす場合には、上記の措置は適用しないこ
ととされている（法令119の3⑦各号）。

　　（注1）　当該内国法人が通算法人である場合には、他の通算法人（初年度離脱
　　　　　　通算子法人及び通算親法人を除く）を除く。
　　（注2）　当該配当等の額に係る**決議日等**³⁾において当該内国法人と当該他の法
　　　　　　人との間に**特定支配関係**⁴⁾がある場合に限る。
　　（注3）　同一事業年度内配当等の額のうちに子会社株式簿価減額特例の適用
　　　　　　を受けなかったものがある場合には、その適用を受けなかった同一事
　　　　　　業年度内配当等の額のうち益金不算入規定により益金の額に算入され
　　　　　　ない金額の合計額を含む。

3　用語の意義

用　語	意　義
配当等の額	法法23《受取配当等の益金不算入》①各号に掲げる金額
対象配当等の額	内国法人が他の法人（注1）から配当等の額を受ける場合（注2）におけるその受ける配当等の額（注3） 　（注1）　当該内国法人が通算法人である場合には、他の通算法人（初年度離脱通算子法人及び通算親法人を除く）を除く。 　（注2）　当該配当等の額に係る決議日等において当該内国法人と当該他の法人との間に特定支配関係がある場合に限る。

3）法令119の3⑨一
4）法令119の3⑨二

	（注3）　**完全支配関係内みなし配当等の額**を除く。
完全支配関係内み なし配当等の額	当該他の法人に法法24《配当等の額とみなす金額》①各号 に掲げる事由（注）が生じたことに基因して法法24①の規 定により法法23《受取配当等の益金不算入》①一又は二に 掲げる金額とみなされる金額 　（注）　当該内国法人において法法61の2《有価証券の譲渡益 　　　　又は譲渡損の益金又は損金算入》⑰の規定の適用がある 　　　　ものに限る。
同一事業年度内配 当等の額	当該対象配当等の額を受ける日の属する事業年度開始の日 （注1）からその受ける直前の時までの間に当該内国法人 が当該他の法人から配当等の額を受けた場合（注2）にお けるその受けた配当等の額（注3） 　（注1）　同日後に当該内国法人が当該他の法人との間に最後 　　　　に特定支配関係を有することとなった場合には、その 　　　　有することとなった日 　（注2）　当該配当等の額に係る決議日等において当該内国法 　　　　人と当該他の法人との間に特定支配関係があった場合 　　　　に限る。 　（注3）　完全支配関係内みなし配当等の額を除く。
株式等	株式又は出資（注） 　（注）　移動平均法によりその1単位当たりの帳簿価額を算出 　　　　するものに限る。
益金不算入規定	次に掲げる各規定 　・法法23《受取配当等の益金不算入》① 　・法法23の2《外国子会社から受ける配当等の益金不算 　　入》① 　・法法62の5《現物分配による資産の譲渡》④

4 趣旨

(1) 「対象配当等の額…及び同一事業年度内配当等の額…の合計額」

　配当等の額を複数回に分割払いすることによって子会社株式簿価減額特例の適用を回避することを防止するため、その配当等の額を受ける日の属する事業年度開始の日からその受ける直前までに受けた他の配当等の額の合計額を加算して判定を行うこととされている[5]。

(2) 「当該配当等の額に係る決議日等において当該内国法人と当該他の法人との間に特定支配関係がある場合に限る」

　子会社株式簿価減額特例の適用は、配当決議日において親会社が子会社との間に特定支配関係を有する場合のその親会社に限定することとされている。これは、同特例によってその計上を防止しようとする子会社株式の譲渡損失は、まず親会社が子会社から配当を受けることによって、その子会社株式の時価を下落させることが前提となることから、親会社の意向によって子会社に配当を支払わせることができる関係にあることが必要と考えられるためである[6]。

(3) 「その受ける配当等の額(…完全支配関係内みなし配当等の額…を除く…)及び同一事業年度内配当等の額（…完全支配関係内みなし配当等の額を除く…)」

　内国法人が、その有していた株式を発行した他の内国法人（その内国法人との間に完全支配関係があるものに限る）のみなし配当事由により金銭その他の資産の交付を受けた場合又はその事由により当該他の内国法人の株式を有しないこととなった場合には、当該他の内国法人（発行法人）に対する株式の譲渡及びこれと同様のみなし配当の発生の基因となる事由の発生もグループ内法人に対する資産の譲渡に変わりないことから、その譲渡損益を計上しないこととされている。そのため、完全支配関係内みなし配当等の額は、子会社株式簿価

5）財務省（2020）475頁
6）財務省（2020）475頁

減額特例における対象配当等の額から除くこととされている[7]。

⑷　「当該他の法人の株式等…の帳簿価額のうち最も大きいものの100分の10に相当する金額を超えるとき」

　租税回避防止と企業のコンプライアンス・コストとのバランスを図る観点から、配当に係る株式の帳簿価額の10％を超える規模の配当を子会社株式簿価減額特例の対象にすることとされている[8]。

⑸　「当該株式等の当該基準時の直前における帳簿価額から当該対象配当等の額のうち…益金の額に算入されない金額…に相当する金額を減算した金額」

　子会社株式簿価減額特例では、基準時の直前における株式等の帳簿価額を減額することとされている。これは、他の法人の株式等の帳簿価額を減額する時点を仮に配当決議日や配当効力発生日にすると、基準時において将来に受けることができる配当等の額を把握することができる大株主は、その基準時からこれらの日までの間において、その配当支払後の他の法人の株式等の時価予想額を対価とするその株式等の譲渡を行うことによって、同特例によりその株式等の帳簿価額が減額される前に譲渡損失を計上することが可能になってしまうことから、このような潜脱行為を防止するためのものである。

　また、子会社株式簿価減額特例は、配当等の額を受けるごとに帳簿価額の10％相当額を超えるかどうかの判定（10％判定）を行い、基準時の直前の帳簿価額を減算するものである。そのため、基準時の属する事業年度終了の日後に配当等の額の決議が行われ、その後に配当等の額を受ける場合であっても、10％相当額を超える場合には、基準時の属する事業年度に遡って基準時における1単位当たりの帳簿価額を計算することとなる[9]。

7）財務省（2020）477頁
8）財務省（2020）475頁
9）財務省（2020）475・476頁

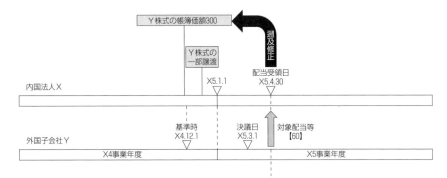

（注）　対象配当等の額に係る決議日（X5.3.1）において、内国法人Xと外国子会社Yとの間に特定支配関係があるものとする。

（財務省（2020）486頁を参考に作成）

⑹　「当該対象配当等の額のうち法第23条第1項、第23条の2第1項（外国子会社から受ける配当等の益金不算入）又は第62条の5第4項（現物分配による資産の譲渡）の規定（以下この条において「益金不算入規定」という。）により益金の額に算入されない金額」

　子会社株式簿価減額特例の適用がある場合に子会社株式の帳簿価額から減額する金額は、配当等の額そのものではなく、その配当等の額のうち益金不算入とされる金額相当額とされている。これは、配当による実質的な投資の回収を非課税（全部又は一部を益金不算入）で行った上で、さらに子会社株式の譲渡損失が計上されることを防止することが同特例の目的であるので、親会社が受ける配当等の額のうち法人税の課税の対象とされる部分については、対象外とされているものである[10]。

10）財務省（2020）475頁

5　通　達

法通2−3−4の2	対象配当等の額が資本の払戻しによるものである場合の譲渡原価の計算

　法人が、法第24条第1項（第4号に係る部分に限る。）《配当等の額とみなす金額》の規定により法第23条第1項第1号《受取配当等の益金不算入》に掲げる金額とみなされる金額を受ける場合において、そのみなされる金額が令第119条の3第7項《移動平均法を適用する有価証券について評価換え等があった場合の1単位当たりの帳簿価額の算出の特例》に規定する対象配当等の額（以下この節において「対象配当等の額」という。）に該当することにより同項（令第119条の4第1項後段《評価換え等があった場合の総平均法の適用の特例》においてその例による場合を含む。）の規定（以下この節において「子会社株式簿価減額特例」という。）の適用を受けるときは、そのみなされる金額の基因となった法第61条の2第18項《有価証券の譲渡益又は譲渡損の益金又は損金算入》に規定する払戻し等に係る令第119条の9第1項《資本の払戻しの場合の株式の譲渡原価の額》に規定する払戻し等の直前の当該所有株式の帳簿価額は、令第119条の3第7項の規定によりそのみなされる金額に係る基準時（同条第9項第3号に規定する基準時をいう。以下この節において同じ。）の直前における帳簿価額から同条第7項に規定する益金の額に算入されない金額（以下この節において「益金不算入相当額」という。）を減算した金額となる。

　（注）　本文の取扱いは、法第61条の2第19項《有価証券の譲渡益又は譲渡損の益金又は損金算入》、令第119条の8第1項《分割型分割の場合の譲渡対価の額及び譲渡原価の額等》及び令第119条の8の2第1項《株式分配の場合の譲渡対価の額及び譲渡原価の額等》の譲渡原価の計算の基礎となる帳簿価額についても、同様とする。

【解　説】
　資本の払戻し又は解散による残余財産の分配（以下「払戻し等」という）により金銭等の交付を受けた場合における有価証券の譲渡損益の計算上の譲渡原価の計算の基礎となる帳簿価額については、「払戻し等の直前の帳簿価額」と規定されているのみであり、子会社株式簿価減額特例を適用する前の帳簿価額な

のか、それとも適用した後の帳簿価額なのかという点について疑義が生ずる。

　この点については、❶子会社株式簿価減額特例が受け取った配当とその配当によって時価の下落した株式等の譲渡の組み合わせによる経済実態の伴わない税務上の損失の計上という租税回避を防止するために創設された特例であり、払戻し等に伴う株式等の価値の下落を譲渡原価の額に適切に反映させる必要があること、また、❷払戻し等で基準日の定めがあるものにより金銭等の交付を受けた場合における譲渡原価の額が同特例を適用した後の帳簿価額となることとの整合性を踏まえると、譲渡原価の計算の基礎となる払戻し等の直前の帳簿価額は、同特例を適用した後の帳簿価額をいうことになるものと解するのが相当である[11]。

法通 2 - 3 - 4 の 3	対象配当等の額が自己株式の取得によるものである場合の譲渡原価の計算
法人が、法第24条第 1 項（第 5 号に係る部分に限る。）《配当等の額とみなす金額》の規定により法第23条第 1 項第 1 号《受取配当等の益金不算入》に掲げる金額とみなされる金額を受ける場合において、そのみなされる金額が対象配当等の額に該当することにより子会社株式簿価減額特例の適用を受けるときは、当該対象配当等の額の基因となった株式又は出資の譲渡に係る法第61条の 2 第 1 項第 2 号《有価証券の譲渡益又は譲渡損の益金又は損金算入》の「その有価証券の譲渡に係る原価の額（……）」は、令第119条の 3 第 7 項《移動平均法を適用する有価証券について評価換え等があった場合の 1 単位当たりの帳簿価額の算出の特例》の規定によりそのみなされる金額に係る基準時の直前における帳簿価額から益金不算入相当額を減算した金額をその有する株式等の数で除して計算した金額にその譲渡をした有価証券の数を乗じて計算した金額による。	

【解 説】

　法人が自己株式等の取得によって受けるみなし配当の額について子会社株式簿価減額特例の適用を受ける場合には、基準時の直前において有する他の法人

---

11) 趣旨説明 (2021) 2 ・ 3 頁

の株式等の帳簿価額からそのみなし配当の額のうち益金不算入相当額を減算して基準時における1単位当たりの帳簿価額を計算することとされ（法令119の3⑦）、自己株式等の取得に係る基準時は、みなし配当事由が生じた時（自己株式等の取得の時）をいうこととされている（法令119の3⑨三ニ）ことからすると、基準時の直前とは自己株式等の取得の直前と同義である。すなわち、譲渡原価の計算の基礎となる自己株式等の取得の直前の帳簿価額は、同特例を適用した後の帳簿価額ということになる[12]。

法通2-3-22	帳簿価額のうち最も大きいものの意義

　法人が対象配当等の額及び令第119条の3第7項《移動平均法を適用する有価証券について評価換え等があった場合の1単位当たりの帳簿価額の算出の特例》に規定する同一事業年度内配当等の額（以下2-3-22の8までにおいて「同一事業年度内配当等の額」という。）を受ける場合における同項の「帳簿価額のうち最も大きいもの」とは、それぞれの配当等の額に係る基準時の直前における帳簿価額のうち最も大きいものをいうことに留意する。

　（注）　法人が他の法人（令第119条の3第7項に規定する他の法人をいう。以下2-3-22の9までにおいて同じ。）の発行する株式で2-3-17《2以上の種類の株式が発行されている場合の銘柄の意義》の取扱いによりそれぞれ異なる銘柄として令第119条の2第1項《有価証券の1単位当たりの帳簿価額の算出の方法》の規定の適用を受けるものを有する場合には、当該対象配当等の額及び同一事業年度内配当等の額に係る各基準時の直前における帳簿価額は、それぞれの銘柄の帳簿価額を合計した金額によることに留意する。

【解 説】

　10％判定の基礎となる他の法人の株式等の帳簿価額は、対象配当等の額及び同一事業年度内配当等の額に係る各基準時の直前において有する当該他の法人の株式等の「帳簿価額のうち最も大きいもの」によることとされている（法令119の3⑦）。

12）趣旨説明（2021）6・7頁

　これは同一事業年度内配当等の額に係る基準時の直前から対象配当等の額に
係る基準時の直前までの間にこれらの配当等の額に係る株式等の譲渡等によっ
て帳簿価額が増減することが考えられるため、このように規定されているもの
であるが、具体的には、それぞれの配当等の額に係る基準時の直前における帳
簿価額の中で最も計算上有利となる最も大きい帳簿価額を用いて10％判定をす
るということである。

　ところで、有価証券の譲渡に係る譲渡原価の計算においては、 2 以上の種類
の株式はそれぞれ異なる銘柄の株式として計算するとの取扱いが定められてい
るが（法通 2 - 3 -17）、子会社株式簿価減額特例における10％判定についてもこ
れと同様の取扱いとなるのか疑義が生ずる。

　この点、子会社株式簿価減額特例は、親会社との間に一定の支配関係がある
子会社から対象配当等の額を受けた際に適用される制度であるところ、種類が
異なる株式に係る帳簿価額であっても投下資本の一部を構成することに変わり
はなく、帳簿価額の10％を超える配当によって子会社の純資産が減少するので
あれば、 2 以上の種類の株式のうち配当が行われない株式の帳簿価額について
も引き下げることが妥当であると考えられることからすれば、これらの株式が
同一の法人により発行されたものである場合には、その株式の銘柄が別と取り
扱われるものであってもそれぞれの帳簿価額を合計した金額によって10％判定
を行うことになる[13]。

　例えば、他の法人が発行した 2 以上の種類の株式を保有している場合におい
て、ある事業年度において一の種類の株式に係る配当等の額のみを受け、当該
一の種類の株式に係る配当等の額につき子会社株式簿価減額特例の適用がある
ときには、10％判定は、全ての種類の株式の帳簿価額の合計額により行うこと
となる[14]。

---

13) 趣旨説明（2021） 8 ・ 9 頁
14) 財務省（2020）476頁

法通2 – 3 –22の2	外国子会社から受ける配当等がある場合の益金不算入相当額

> 　法人が他の法人から受ける対象配当等の額又は同一事業年度内配当等の額が措置法第66条の8第2項《内国法人の外国関係会社に係る所得の課税の特例》の規定の適用を受けるものである場合の益金不算入相当額は、同項の規定の適用を受けないものとして法第23条の2第1項《外国子会社から受ける配当等の益金不算入》の規定により計算した場合の益金不算入相当額となることに留意する。

【解 説】

　外国子会社合算税制の適用を受けた外国関係会社（外国子会社配当益金不算入制度における外国子会社に該当するものに限る）から受ける配当等の額については、外国子会社合算税制と配当課税との二重課税を調整するため、その配当等の額のうち特定課税対象金額（すなわち、内国法人の剰余金の配当等の額を受ける日を含む事業年度及び当該事業年度開始の日前10年以内に開始した各事業年度においてその外国関係会社につき合算対象とされた金額の合計額[15]）に達するまでの金額については、全額益金不算入とされている（措法66の8②による法法23の2①の読替）。

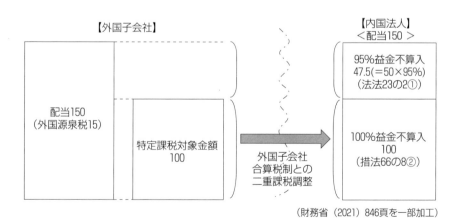

（財務省（2021）846頁を一部加工）

15）財務省（2015）697頁

　しかしながら、法令119の3⑦柱書に規定する「益金不算入規定」には、措法66の8②により読み替えて適用される法法23の2は含まれていないから、子会社株式簿価減額特例の適用を受ける場合に帳簿価額から減算する益金不算入相当額は、外国関係会社から受ける配当等の額の95％相当額になる[16]。

法通2-3-22の3	帳簿価額から減算する金額のあん分
法人が子会社株式簿価減額特例の適用を受ける場合において、当該法人が有する他の法人の株式（2-3-17《2以上の種類の株式の発行されている場合の銘柄の意義》の取扱いによりそれぞれ異なる銘柄として令第119条の2第1項《有価証券の1単位当たりの帳簿価額の算出の方法》の規定の適用を受けるものに限る。）の帳簿価額から減算する金額は、益金不算入相当額を対象配当等の額に係る基準時の直前におけるそれぞれの銘柄の帳簿価額の比によりあん分して計算した金額とする。	

【解　説】

　子会社株式簿価減額特例の適用を受ける場合において、他の法人が2以上の種類の株式を発行しているときは、その受ける対象配当等の額に係る益金不算入相当額をこれらの株式の帳簿価額からどのように減算することとなるのか疑義が生ずる。

　この点、種類が異なる株式に係る帳簿価額であっても投下資本の一部を構成することに変わりはないため、帳簿価額の10％を超える配当によって他の法人の純資産が減少するのであれば、2以上の種類の株式のうち配当が行われない株式の帳簿価額についても引き下げることが妥当であると考えられることから、全ての種類の株式の帳簿価額を引き下げることとされている。この場合において、2以上の種類の他の法人の株式の帳簿価額から減算する金額については、益金不算入相当額をそれぞれの帳簿価額の比によりあん分して計算した金額によることとされ、帳簿価額から減算する金額を各種類の株式に自由に配分することはできない[17]。

---

16) 財務省（2020）478頁
17) 趣旨説明（2021）12頁

法通２-３-22の４	関連法人株式等に該当する場合における益金不算入相当額の計算
	他の法人の株式等（株式又は出資をいう。以下２-３-22の９において同じ。）が法第23条第６項《受取配当等の益金不算入》に規定する関連法人株式等（以下２-３-22の４において「関連法人株式等」という。）に該当する場合における益金不算入相当額については、例えば、令第22条第１項《株式等に係る負債の利子の額》の規定により対象配当等の額から控除すべき負債の利子の額（以下２-３-22の４において「負債利子等の額」という。）を関連法人株式等に係る配当等の額のうちに占める対象配当等の額及び同一事業年度内配当等の額の合計額又はそれ以外の配当等の額の合計額の割合に応じて区分するなど負債利子等の額を合理的に区分した金額により計算する。

【解　説】

　受取配当等の益金不算入額は、株式等の区分に応じ、それぞれ次によることとされている（法法23①）。

株式等の区分	受取配当等の益金不算入額
完全子法人株式等	配当等の額×100％
関連法人株式等	配当等の額×100％－負債利子等の額
その他株式等(注)	配当等の額× 50％
非支配目的株式等	配当等の額× 20％

　（注）　その他株式等とは、完全子法人株式等、関連法人株式等及び非支配目的株式等のいずれにも該当しない株式等をいう。

　令和３年４月１日時点の法令の下では、関連法人株式等に係る配当等の額の益金不算入額から控除される負債利子等の額（同日時点の法法23④）は、その配当等の額を受けた事業年度において支払う負債の利子の総額を基礎として総資産あん分法（同日時点の法令22①）又は簡便法（同日時点の法令22④）によって計算されるものであり、個々の配当等の額とひも付きの関係にあるものではない（注）。

　また、子会社株式簿価減額特例の適用を受ける場合には、その受ける配当等ごとにその基準時の直前における他の法人の株式等の帳簿価額からその配当等ごとの益金不算入相当額を減算することとされている（法令119の3⑦）。

　したがって、負債利子の額があり、かつ、複数の関連法人株式等につき配当等の額を受ける場合には、その益金不算入相当額を算定するに当たって、子会社株式簿価減額特例の適用に係る負債利子等の額を計算する必要がある。

　この点、この負債利子等の額の配分方法については、法令上特に定めはないが、法人が選択した方法により合理的に区分している場合には、配分方法の違いによる課税上の弊害が生ずる可能性が低いと考えられることから、その計算を認めて差し支えないと考えられる。

　本通達においては、この合理的に区分する方法として、例えば、配当等の額や帳簿価額の比率を用いて負債利子等の額をあん分する方法が考えられることが明らかにされているが、これ以外にも関連法人株式等に係る益金不算入相当額を配当等の額や帳簿価額の比率を用いて直接あん分する方法も認められる[18]。

> （注）　令和4年4月1日時点の法令の下では、関連法人株式等に係る配当等の額の益金不算入額から控除される負債利子等の額は、原則として、その配当等の額の4％相当額とされている（法令19①）。
>
> 　　　ただし、❶関連法人株式等について法法23①の規定の適用を受ける事業年度（以下「**適用事業年度**」という）に係る支払利子等の額の合計額の10％相当額が❷その適用事業年度において受ける関連法人株式等に係る配当等の額の合計額の4％相当額以下である場合には、その適用事業年度において受ける関連法人株式等に係る配当等の額の益金不算入額から控除される負債の利子の額は、次の算式により計算した金額とされている（法令19②）[19]。

18）趣旨説明（2021）13頁
19）財務省（2020）1124・1125頁

《算式》

その適用事業年度に係る
支払利子等の額の合計額　×　その配当等の額 ÷ 適用事業年度において受ける関連法人株式等に係る配当等の額の合計額
の10%相当額

法通2-3-22の5	基準時事業年度後に対象配当等の額を受ける場合の取扱い

　法人が他の法人から受ける対象配当等の額について、当該対象配当等の額に係る基準時の属する事業年度（以下2-3-22の5において「基準時事業年度」という。）終了の日後にこれを受ける場合には、その受ける対象配当等の額に基づき当該基準時事業年度に遡って子会社株式簿価減額特例の適用があることに留意する。ただし、当該対象配当等の額を受けることが確実であると認められる場合には、その受けることが確実であると認められる対象配当等の額に基づき当該基準時事業年度の確定申告において令第119条の3第7項又は第8項《移動平均法を適用する有価証券について評価換え等があった場合の1単位当たりの帳簿価額の算出の特例》の規定の適用を受けることとしても差し支えない。

【解説】

　例えば、株式会社においては、基準日後3月以内に行われる株主総会の普通決議において配当財産の種類及び帳簿価額の総額並びに配当に係る効力発生日を定めることが一般的であるため、基準時事業年度末までに株主総会の決議等が行われない場合には、基準時事業年度の確定申告において他の法人の株式等の帳簿価額から減算される当該対象配当等の額に係る益金不算入相当額を計算することができないといったことが考えられる。このような場合において、その益金不算入相当額が計算できなかったことに基因して基準時事業年度の確定申告書に記載した税額の不足額等が生じたときには、株主総会の決議等により対象配当等の額が確定した段階で、基準時事業年度の修正申告を行うということが考えられる。

　しかしながら、修正申告のみが唯一の方法ではなく、受けることが確実と認

められる配当等の額（注）があるのであれば、その受けることが確実と認められる配当等の額に基づき子会社株式簿価減額特例又は株式等の帳簿価額から減算する金額に関する特例計算（法令119の 3 ⑧）を適用した上で基準時事業年度の確定申告をすることができる[20]。

> （注）　ここでいう「受けることが確実と認められる対象配当等の額」とは、親子関係を前提に親会社が子会社に対して配当を請求する具体的な金額ということになるが、基準時事業年度の予想利益又は分配可能利益に基づく過去の実績や 1 株当たり予想配当額に基づいて親法人において受けることが確実と見込んでいる対象配当等の額であればこれに該当することになる。
>
> 　また、例えば、配当等の決議前に第三者に対して他の法人の株式等を譲渡するような場面では、譲渡対価の額の算定に当たって当該他の法人の親法人において配当等の額が確実に見積もられることになるため、この見積額は「受けることが確実と認められる対象配当等の額」に該当することになる[21]。

20）趣旨説明（2021）14・15頁
21）趣旨説明（2021）15頁

別　表

特定支配関係のある他の法人から受ける対象配当等の額等に関する明細書		事業年度又は連結事業年度	： ：	法人名	（　　　　　　　　）

他 の 法 人 の 名 称	1				
本 店 又 は 主 た る 事 務 所 の 所 在 地	2				
特 定 支 配 日	3	・ ・	・ ・	・ ・	
対 象 配 当 等 の 額	4	円	円	円	
対 象 配 当 等 の 額 に 係 る 基 準 時	5	・ ・	・ ・	・ ・	
同 一 事 業 年 度 内 配 当 等 の 額 の 合 計 額	6	円	円	円	
(6)のうち令第119条の3第7項の規定の適用を受けなかった配当等の額の合計額	7				
(4)＋(6)	8				
(4)及び(6)に係る各基準時の直前において有する他の法人の株式又は出資の帳簿価額のうち最も大きいもの	9				
(9)×10%	10				
内国等の株主利割定合	令第119条の3第7項第1号の該当の有無	11	有 ・ 無	有 ・ 無	有 ・ 無
	令第119条の3第7項第2号の該当の有無	12	有 ・ 無	有 ・ 無	有 ・ 無
他の法人の株式又は出資の基準時の直前における帳簿価額から減算される金額	13	円	円	円	

特 定 支 配 後 増 加 利 益 剰 余 金 額 超 過 額 等 の 計 算					
支 配 後 配 当 等 の 額 の 合 計 額	14				
(14)のうち支払を受ける配当等の額の合計額	15				
他の法人の対象配当等の額に係る決議日等前に最後に終了した事業年度の貸借対照表に計上されている利益剰余金の額	16				
特定支配日から対象配当等の額に係る決議日等の属する他の法人の事業年度開始の日の前日までの間に当該他の法人の株主等が受けた配当等の額に対応して減少した当該他の法人の利益剰余金の額の合計額	17				
他の法人の特定支配日前に最後に終了した事業年度の貸借対照表に計上されている利益剰余金の額（当該特定支配日の属する事業年度開始の日以後に当該他の法人の株主等が受けた配当等の額がある場合には、当該配当等の額に対応して減少した利益剰余金の額を減算した金額）	18				
特 定 支 配 後 増 加 利 益 剰 余 金 額 (16)＋(17)－(18) （マイナスの場合は0）	19				
(14)－(19) （マイナスの場合は0）	20				
(20) × $\frac{(15)}{(14)}$	21				
対象配当等の額を受ける前に他の法人から受けた配当等の額のうち令第119条の3第7項の規定の適用に係る金額	22				
特 定 支 配 後 増 加 利 益 剰 余 金 額 超 過 額 (21)－(22) （マイナスの場合は0）	23				
((4)＋(7))と(23)のうちいずれか少ない金額	24	円	円	円	
(24)のうち益金不算入規定により益金の額に算入されない金額 （(13)へ記入）	25				

別表八（三）の記載について

1　この明細書は、法人が受ける対象配当等の額及び同一事業年度内配当等の額の
　合計額（「4」欄＋「6」欄）が当該対象配当等の額及び同一事業年度内配当等の額
　に係る各基準時の直前において当該内国法人が有する他の法人の株式等の帳簿価
　額のうち最も大きいものの10％相当額（「10」欄）を超える場合（次に掲げる場合を
　除く）に記載する（法令119の3⑬）。

　⑴　**10年超支配要件**[22]又は**金額要件**[23]のいずれかに該当する場合

　⑵　対象配当等の額及び同一事業年度内配当等の額のいずれについても益金不算
　　入規定の適用を受けない場合

2　「14」から「25」までの各欄は、法令119の3⑧（法令119の4①後段においてその
　例による場合を含む）の規定の適用を受ける場合にのみ記載する[24]。

3　法令119の3⑧の規定の適用を受けない場合は、（「4」欄＋「7」欄）のうち益
　金不算入規定により益金の額に算入されない金額が、「他の法人の株式又は出資の
　基準時の直前における帳簿価額から減算される金額13」となる。

22）法令119の3⑦三
23）法令119の3⑦四
24）記載要領8（3）─2

─── **計算例** ───

　以下、❶10％判定、❷通常の配当、❸自己株式の取得によるみなし配当、❹資本の払戻しによるみなし配当及び❺株式分配によるみなし配当の各ケースについて、法令119の3⑦の適用がある場合の株主の処理例を示す。

　なお、S社はP社（内国法人）の外国子会社に該当し、P社は移動平均法を採用しており、また、法令119の3⑦各号の要件のいずれも満たさないことを前提とする。

〔1〕10％判定

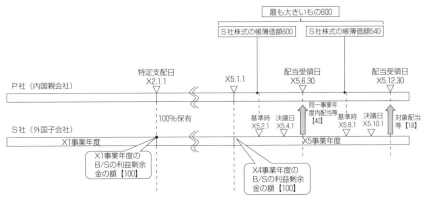

（財務省（2020）486頁を参考に作成）

　上記の例において、10％判定は、対象配当等の額に係る基準時の直前における帳簿価額（540）と同一事業年度内配当等の額に係る基準時の直前における帳簿価額（600）とのいずれか大きいもの（600）により行い、

$$\frac{\text{対象配当等の額　18} + \text{同一事業年度内配当等の額　40}}{\text{S社株式の帳簿価額　600}} \leqq 10\%$$

となり、子会社株式簿価減額特例の適用はないこととなる。

〔2〕通常の配当[25]

⑴　X1期　　S社株式の全て（1,000株）を取得（対価1,000）

① 会計処理

借　　　　方		貸　　　　方	
S　社　株　式	1,000	現　　　　金	1,000

② 税務処理

借　　　　方		貸　　　　方	
S　社　株　式	1,000	現　　　　金	1,000

③ 申告調整

　　なし

④ S社株式の期末帳簿価額

　　会　計　：　1,000

　　税　務　：　1,000

⑵　X２期　S社から配当（100）を受取

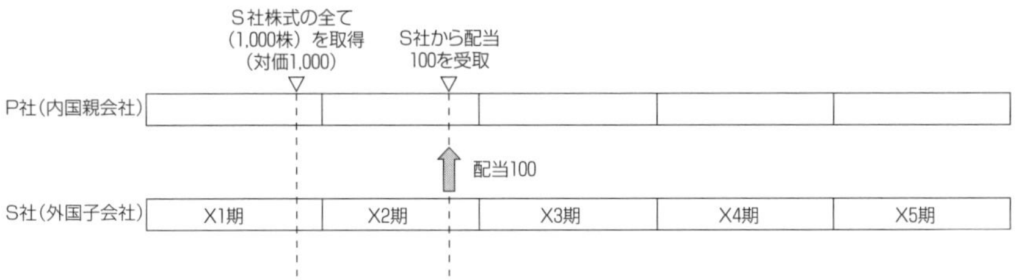

①　法令119の３⑦の適用等

対象配当等の額	1	100
S社株式の帳簿価額	2	1,000
⑵×10%	3	100
法令119の３⑦の適用の有無（10%判定）	4	無
⑴のうち益金不算入額 ⑴×95%	5	95
S社株式の帳簿価額から減算される金額	6	0
減額後のS社株式の帳簿価額 ⑵－⑹	7	1,000
減額後の１株当たりの帳簿価額	8	1

②　会計処理

借方		貸方	
現金	100	受取配当	100

③ 税務処理

借　　　方		貸　　　方	
現　　　　金	100	受　取　配　当	100

④ 申告調整

別表四　所得の金額の計算に関する明細書

区　　分		総　　額	処　　分	
			留保	社外流出
当期利益又は当期欠損の額		100	100	0
減算	外国子会社から受ける剰余金の配当等の益金不算入額	95		95
所得金額又は欠損金額		5	100	△95

⑤ S社株式の期末帳簿価額

会　計　：　1,000

税　務　：　1,000

(3) X3期　S社から配当（140）を受取

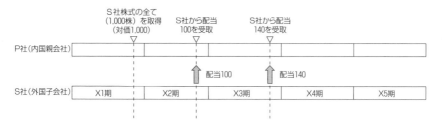

① 法令119の3⑦の適用等

対　象　配　当　等　の　額	1	140
S　社　株　式　の　帳　簿　価　額	2	1,000

(2)×10%	3	100
法 令 119 の 3 ⑦ の 適 用 の 有 無 （10%判定）	4	有
(1) の う ち 益 金 不 算 入 額 (1)×95%	5	133
S社株式の帳簿価額から減算される金額 (5)	6	133
減 額 後 の S 社 株 式 の 帳 簿 価 額 (2)−(6)	7	867
減 額 後 の 1 株 当 た り の 帳 簿 価 額	8	0.867

② **会計処理**

借　　　　方		貸　　　　方	
現　　　　　金	140	受 取 配 当	140

③ **税務処理**

借　　　　方		貸　　　　方	
利 益 積 立 金 額	133	S 　 社 　 株 　 式	133
現　　　　　金	140	受 取 配 当	140

④ **申告調整**

別表四　所得の金額の計算に関する明細書

区　　　分	総　　額	処　　分	
		留保	社外流出
当 期 利 益 又 は 当 期 欠 損 の 額	140	140	0
減算　外国子会社から受ける剰余金の配当等の益金不算入額	133		133
所 得 金 額 又 は 欠 損 金 額	7	140	△133

別表五 利益積立金額及び資本金等の額の計算に関する明細書

I 利益積立金額の計算に関する明細書				
区 分	期首現在 利益積立金額	当期の増減		差引翌期期首現在 利益積立金額
		減	増	
S 社 株 式			△133	△133

⑤ S社株式の期末帳簿価額

　会　計 ： 1,000

　税　務 ： 　867 （＝1,000−133）

(4) X4期　S社から配当（300）を受取

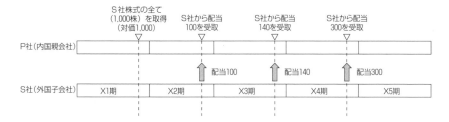

① 法令119の3⑦の適用等

対 象 配 当 等 の 額	1	300
S 社 株 式 の 帳 簿 価 額	2	867
(2)×10%	3	86.7
法 令 119 の 3 ⑦ の 適 用 の 有 無 （10%判定）	4	有
(1) の う ち 益 金 不 算 入 額 (1)×95%	5	285
S社株式の帳簿価額から減算される金額 (5)	6	285

減額後のS社株式の帳簿価額 (2)－(6)	7	867
減額後の1株当たりの帳簿価額	8	0.867

② 会計処理

借　方		貸　方	
現　　　　金	300	受　取　配　当	300

③ 税務処理

借　方		貸　方	
利　益　積　立　金　額	285	S　社　株　式	285
現　　　　金	300	受　取　配　当	300

④ 申告調整

別表四　所得の金額の計算に関する明細書

区　分		総　額	処　分	
			留保	社外流出
当 期 利 益 又 は 当 期 欠 損 の 額		300	300	0
減算	外国子会社から受ける剰余金の配当等の益金不算入額	285		285
所 得 金 額 又 は 欠 損 金 額		15	300	△285

別表五　利益積立金額及び資本金等の額の計算に関する明細書

I　利益積立金額の計算に関する明細書				
区　分	期首現在 利益積立金額	当期の増減		差引翌期期首現在 利益積立金額
		減	増	
S　社　株　式	△133		△285	△418

⑤ S社株式の期末帳簿価額

会　計　：　1,000

税　務：　　582　（＝867－285）

(5) Ｘ5期　　Ｓ社株式の全て（1,000株）を第三者に譲渡（対価460）

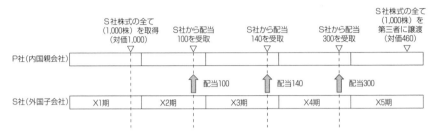

① 会計処理

借　　方		貸　　方	
現　　　　　　金	460	Ｓ　社　株　式	1,000
譲　　渡　　損	540		

② 税務処理

借　　方		貸　　方	
現　　　　　　金	460	Ｓ　社　株　式	582
譲　　渡　　損	122		

③ 申告調整

別表四　所得の金額の計算に関する明細書

区　　分		総　　額	処　　分	
			留保	社外流出
当期利益又は当期欠損の額		△540	△540	0
加算	Ｓ社株式譲渡損否認	418	418	0
所得金額又は欠損金額		△122	△122	0

別表五　利益積立金額及び資本金等の額の計算に関する明細書

	I　利益積立金額の計算に関する明細書			
区　　分	期首現在 利益積立金額	当期の増減		差引翌期期首現在 利益積立金額
		減	増	
S　社　株　式	△418	△418		0

④　S社株式の期末帳簿価額

　　会　計　：　0　（＝1,000－1,000）

　　税　務　：　0　（＝582－582）

〔3〕自己株式取得によるみなし配当[26]

⑴　X1期　　S社株式の全て（1,000株）を取得（対価1,000）

①　会計処理

借　　　　方		貸　　　　方	
S　社　株　式	1,000	現　　　　金	1,000

②　税務処理

借　　　　方		貸　　　　方	
S　社　株　式	1,000	現　　　　金	1,000

26）財務省（2020）480頁

③　申告調整

　　なし

④　S社株式の期末帳簿価額

　　会　計　：　1,000

　　税　務　：　1,000

(2)　X2期　　S社はP社から自己株式（100株）を取得

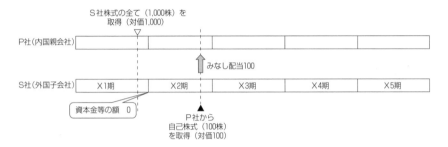

①　法令119の3⑦の適用等

対　象　配　当　等　の　額	1	100
S　社　株　式　の　帳　簿　価　額	2	1,000
(2)×10%	3	100
法令 119 の 3 ⑦ の 適 用 の 有 無 （10%判定）	4	無
(1) の う ち 益 金 不 算 入 額 (1)×95%	5	95
S社株式の帳簿価額から減算される金額	6	0
減 額 後 の S 社 株 式 の 帳 簿 価 額 (2)−(6)	7	1,000

減額後の1株当たりの帳簿価額	8		1

（注）　みなし配当の額

交付を受けた金銭等の額	1	100
株式に対応する資本金等の額	2	0
み な し 配 当 の 額 (1)-(2)	3	100

②　会計処理

借　　　　　方		貸　　　　　方	
現　　　　　金	100	S 社 株 式	100

③　税務処理

借　　　　　方		貸　　　　　方	
現　　　　　金	100	み な し 配 当	100
譲　　渡　　損	100	S 社 株 式	100

④　申告調整

別表四　所得の金額の計算に関する明細書

区　　分		総　　額	処　　分	
			留保	社外流出
当 期 利 益 又 は 当 期 欠 損 の 額		0	0	0
加算	み　な　し　配　当	100	100	0
減算	外国子会社から受ける剰余金の配当等の益金不算入額	95		95
	S 社 株 式 譲 渡 損	100	100	0

所 得 金 額 又 は 欠 損 金 額	△95	0	△95

(注)　譲渡損益の額

有価証券の譲渡により通常得べき対価の額(みなし配当の額を控除した金額)	1	0	
有 価 証 券 の 譲 渡 に 係 る 原 価 の 額	2	100	= 1 × 100
譲　渡　損　益　の　額 (1)−(2)	3	△100	

⑤　S社株式の期末帳簿価額

会　計 ： 900　(= 1,000 − 100)

税　務 ： 900　(= 1,000 − 100)

(3)　X3期　　S社はP社から自己株式(180株)を取得

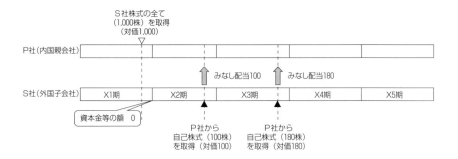

① 法令119の3⑦の適用等

対　象　配　当　等　の　額	1	100
S　社　株　式　の　帳　簿　価　額	2	1,000
(2)×10%	3	100

法令 119 の 3 ⑦ の 適 用 の 有 無 （10％判定）	4	有
(1) の う ち 益 金 不 算 入 額 (1)×95％	5	171
S社株式の帳簿価額から減算される金額 (5)	6	171
減 額 後 の S 社 株 式 の 帳 簿 価 額 (2)−(6)	7	729
減 額 後 の 1 株 当 た り の 帳 簿 価 額	8	0.81

(注)　みなし配当の額

交付を受けた金銭等の額	1	180
株式に対応する資本金等の額	2	0
み な し 配 当 の 額 (1)−(2)	3	180

② **会計処理**

借　　　方		貸　　　方	
現　　　　　金	180	S　社　株　式	180

③ **税務処理**

借　　　方		貸　　　方	
利 益 積 立 金 額	171	S　社　株　式	171
現　　　　　金	180	み な し 配 当	180
譲　　渡　　損	145.8	S　社　株　式	145.8

④ 申告調整

別表四 所得の金額の計算に関する明細書

区　　　分	総　　額	処　　分	
		留保	社外流出
当 期 利 益 又 は 当 期 欠 損 の 額	0	0	0
加算 み　な　し　配　当	180	180	0
減算 外国子会社から受ける剰余金の配当等の益金不算入額	171		171
減算 S 社 株 式 譲 渡 損	145.8	145.8	0
所 得 金 額 又 は 欠 損 金 額	△136.8	34.2	△171

別表五 利益積立金額及び資本金等の額の計算に関する明細書

I　利益積立金額の計算に関する明細書			
区　　　分	期首現在利益積立金額	当期の増減	差引翌期期首現在利益積立金額
		減 / 増	
S　社　株　式		△34.2 / △171	△136.8

(注) 譲渡損益の額

有価証券の譲渡により通常得べき対価の額（みなし配当の額を控除した金額）	1	0	
有 価 証 券 の 譲 渡 に 係 る 原 価 の 額	2	145.8	＝0.81×180
譲 渡 損 益 の 額 (1)−(2)	3	△145.8	

⑤ S社株式の期末帳簿価額

会　計： 720　（＝900−180）

税　務： 583.2　（＝900−171−145.8）

(4)　X4期　S社はP社から自己株式（180株）を取得

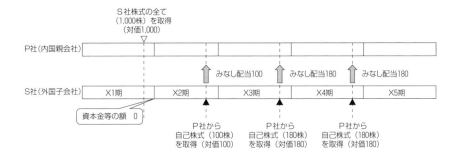

①　法令119の3⑦の適用等

対　象　配　当　等　の　額	1	180
S　社　株　式　の　帳　簿　価　額	2	583.2
(2)×10%	3	58.32
法 令 119 の 3 ⑦ の 適 用 の 有 無 （10%判定）	4	有
(1) の う ち 益 金 不 算 入 額 (1)×95%	5	171
S社株式の帳簿価額から減算される金額 (5)	6	171
減 額 後 の S 社 株 式 の 帳 簿 価 額 (2)−(6)	7	412.2
減 額 後 の 1 株 当 た り の 帳 簿 価 額	8	0.5725

（注）　みなし配当の額

交 付 を 受 け た 金 銭 等 の 額	1	180
株 式 に 対 応 す る 資 本 金 等 の 額	2	0

みなし配当の額 (1)−(2)	3	180

② **会計処理**

借　　方		貸　　方	
現　　　　金	180	S　社　株　式	180

③ **税務処理**

借　　方		貸　　方	
利 益 積 立 金 額	171	S　社　株　式	171
現　　　　金	180	み な し 配 当	180
譲　　渡　　損	103.05	S　社　株　式	103.05

④ **申告調整**

別表四　所得の金額の計算に関する明細書

区　　分	総　額	処　分	
		留保	社外流出
当 期 利 益 又 は 当 期 欠 損 の 額	0	0	0
加算　み　な　し　配　当	180	180	0
減算　外国子会社から受ける剰余金の配当等の益金不算入額	171		171
減算　S 社 株 式 譲 渡 損	103.05	103.05	0
所 得 金 額 又 は 欠 損 金 額	△94.05	76.95	△171

別表五　利益積立金額及び資本金等の額の計算に関する明細書

I　利益積立金額の計算に関する明細書				
区　　分	期首現在 利益積立金額	当期の増減		差引翌期期首現在 利益積立金額
		減	増	
S　社　株　式	△136.8	△76.95	△171	△230.85

(注)　譲渡損益の額

有価証券の譲渡により通常得べき対価の額(みなし配当の額を控除した金額)	1	0	
有 価 証 券 の 譲 渡 に 係 る 原 価 の 額	2	103.05	＝0.5725×180
譲　渡　損　益　の　額　(1)－(2)	3	△103.05	

⑤　Ｓ社株式の期末帳簿価額

会　計　：　540　　　(＝720－180)

税　務　：　309.15　(＝583.2－171－103.05)

(5)　X5期　　Ｓ社株式の全て（540株）を第三者に譲渡（対価540）

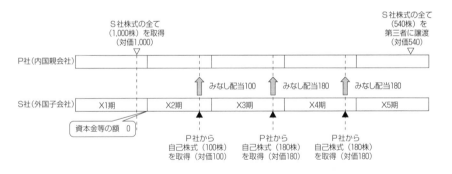

①　会計処理

借　　　方		貸　　　方	
現　　　　金	540	Ｓ　社　株　式	540

②　税務処理

借　　　方		貸　　　方	
現　　　　金	540	Ｓ　社　株　式	309.15
		譲　　渡　　益	230.85

③ 申告調整

別表四 所得の金額の計算に関する明細書

区　　　分	総　　額	処　分	
		留保	社外流出
当 期 利 益 又 は 当 期 欠 損 の 額	0	0	0
加算 S 社 株 式 譲 益	230.85	230.85	0
所 得 金 額 又 は 欠 損 金 額	230.85	230.85	0

別表五 利益積立金額及び資本金等の額の計算に関する明細書

Ⅰ　利益積立金額の計算に関する明細書				
区　　　分	期首現在利益積立金額	当期の増減		差引翌期首現在利益積立金額
		減	増	
S 社 株 式	△230.85	△230.85		0

④ S社株式の期末帳簿価額

会　計： 0 （=540－540）

税　務： 0 （=309.15－309.15）

〔4-1〕資本の払戻しによるみなし配当(1)[27]

(1) X1期　S社株式の全て（1,000株）を取得（対価1,000）

27）財務省（2020）481頁

① 会計処理

借　　方		貸　　方	
S　社　株　式	1,000	現　　　金	1,000

② 税務処理

借　　方		貸　　方	
S　社　株　式	1,000	現　　　金	1,000

③ 申告調整

なし

④ S社株式の期末帳簿価額

会　計 ： 1,000

税　務 ： 1,000

(2) X２期　S社から資本の払戻しにより現金200の交付を受ける

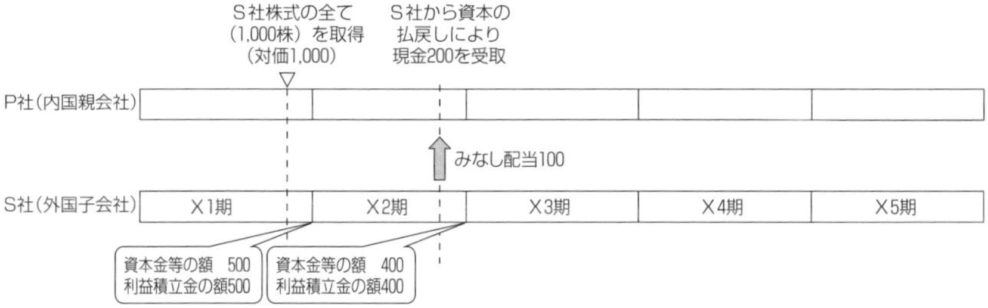

① 法令119の３⑦の適用等

対　象　配　当　等　の　額	1	100
S　社　株　式　の　帳　簿　価　額	2	1,000

(2)×10%	3	100
法令119の3⑦の適用の有無（10%判定）	4	無
(1)のうち益金不算入額 (1)×95%	5	95
S社株式の帳簿価額から減算される金額	6	0
減額後のS社株式の帳簿価額 (2)−(6)	7	1,000
減額後の1株当たりの帳簿価額	8	1

（注）　みなし配当の額

交付を受けた金銭等の額	1	200	
株式に対応する資本金等の額	2	100	=500×200/1,000
みなし配当の額 (1)−(2)	3	100	

② 会計処理

借方		貸方	
現金	200	S社株式	200

③ 税務処理

借方		貸方	
現金	200	みなし配当	100
譲渡損	100	S社株式	200

④　申告調整

別表四　所得の金額の計算に関する明細書

区　　分	総　額	処　分	
		留保	社外流出
当 期 利 益 又 は 当 期 欠 損 の 額	0	0	0
加算　み　な　し　配　当	100	100	0
減算　外国子会社から受ける剰余金の配当等の益金不算入額	95		95
減算　S 社 株 式 譲 渡 損	100	100	0
所 得 金 額 又 は 欠 損 金 額	△95	0	△95

（注）　譲渡損益の額

有価証券の譲渡により通常得べき対価の額（みなし配当の額を控除した金額）	1	100	
有価証券の譲渡に係る原価の額	2	200	＝1,000×200/1,000
譲 渡 損 益 の 額 (1)-(2)	3	△100	

⑤　S社株式の期末帳簿価額

　　会　計：　800　（＝1,000-200）

　　税　務：　800　（＝1,000-200）

(3)　X3期　　S社から資本の払戻しにより現金200の交付を受ける

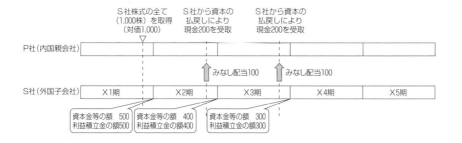

① 法令119の3⑦の適用等

対象配当等の額	1	100
S社株式の帳簿価額	2	800
(2)×10%	3	80
法令119の3⑦の適用の有無 (10%判定)	4	有
(1)のうち益金不算入額 (1)×95%	5	95
S社株式の帳簿価額から減算される金額 (5)	6	95
減額後のS社株式の帳簿価額 (2)−(6)	7	705
減額後の1株当たりの帳簿価額	8	0.705

(注) みなし配当の額

交付を受けた金銭等の額	1	200	
株式に対応する資本金等の額	2	100	＝400×200/800
みなし配当の額 (1)−(2)	3	100	

② 会計処理

借方		貸方	
現金	200	S社株式	200

③　税務処理

借　　　　　方		貸　　　　　方	
利 益 積 立 金 額	95	S 　社 　株 　式	95
現 　　　　　　金	200	み　な　し　配　当	100
譲 　　渡 　　損	76.25	S 　社 　株 　式	176.25

④　申告調整

別表四　所得の金額の計算に関する明細書

区　　　分	総　　額	処　　分	
		留保	社外流出
当 期 利 益 又 は 当 期 欠 損 の 額	0	0	0
加算　み　な　し　配　当	100	100	0
減算　外国子会社から受ける剰余金の配当等の益金不算入額	95		95
減算　S 社 株 式 譲 渡 損	76.25	76.25	0
所 得 金 額 又 は 欠 損 金 額	△71.25	23.75	△95

別表五　利益積立金額及び資本金等の額の計算に関する明細書

Ⅰ　利益積立金額の計算に関する明細書				
区　　　分	期首現在利益積立金額	当期の増減		差引翌期期首現在利益積立金額
		減	増	
S 　社 　株 　式		△23.75	△95	△71.25

(注)　譲渡損益の額

有価証券の譲渡により通常得べき対価の額(みなし配当の額を控除した金額)	1	100	
有価証券の譲渡に係る原価の額	2	176.25	＝705×200/800
譲 渡 損 益 の 額　(1)-(2)	3	△76.25	

⑤ S社株式の期末帳簿価額

会　計 ： 600　　（＝800－200）

税　務 ： 528.75　（＝800－95－176.25）

(4) X4期　S社から資本の払戻しにより現金200の交付を受ける

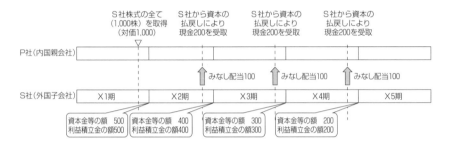

① 法令119の3⑦の適用等

対　象　配　当　等　の　額	1	100
S　社　株　式　の　帳　簿　価　額	2	528.75
(2)×10%	3	52.875
法令119の3⑦の適用の有無 （10％判定）	4	有
(1) の う ち 益 金 不 算 入 額 (1)×95%	5	95
S社株式の帳簿価額から減算される金額 (5)	6	95
減 額 後 の S 社 株 式 の 帳 簿 価 額 (2)－(6)	7	433.75
減 額 後 の 1 株 当 た り の 帳 簿 価 額	8	0.43375

（注）　みなし配当の額

交付を受けた金銭等の額	1	200	
株式に対応する資本金等の額	2	100	＝300×200/600※
み な し 配 当 の 額 (1)−(2)	3	100	

※端数処理は考慮しない。

②　会計処理

借　　　　方		貸　　　　方	
現　　　　　金	200	S　社　株　式	200

③　税務処理

借　　　　方		貸　　　　方	
利 益 積 立 金 額	95	S　社　株　式	95
現　　　　　金	200	み な し 配 当	100
譲　　渡　　損	44.58	S　社　株　式	144.58

④　申告調整

別表四　所得の金額の計算に関する明細書

区　　分		総　　額	処　分	
			留保	社外流出
当 期 利 益 又 は 当 期 欠 損 の 額		0	0	0
加算	み　な　し　配　当	100	100	0
減算	外国子会社から受ける剰余金の配当等の益金不算入額	95		95
	S 社 株 式 譲 渡 損	44.58	44.58	0
所 得 金 額 又 は 欠 損 金 額		39.58	55.42	△95

別表五 利益積立金額及び資本金等の額の計算に関する明細書

I 利益積立金額の計算に関する明細書				
区 分	期首現在 利益積立金額	当期の増減		差引翌期期首現在 利益積立金額
		減	増	
S 社 株 式	△71.25	△55.42	△95	△110.83

(注) 譲渡損益の額

有価証券の譲渡により通常得べき対価の額(みなし配当の額を控除した金額)	1	100	
有 価 証 券 の 譲 渡 に 係 る 原 価 の 額	2	144.58	＝433.75×200/600※
譲 渡 損 益 の 額 (1)-(2)	3	△44.58	

※端数処理は考慮しない。

⑤ S社株式の期末帳簿価額

会 計 ： 400 （＝600-200）

税 務 ： 289.17 （＝528.75-95-144.58）

(5) X5期 S社株式の全て（1,000株）を第三者に譲渡（対価400）

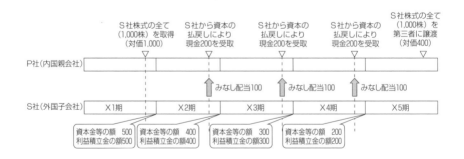

① 会計処理

借　　　方		貸　　　方	
現　　　　金	400	S　社　株　式	400

② 税務処理

借　　　方		貸　　　方	
現　　　　金	400	S　社　株　式 譲　　渡　　益	289.17 110.83

③ 申告調整

別表四　所得の金額の計算に関する明細書

区　　分	総　　額	処　　分	
		留保	社外流出
当 期 利 益 又 は 当 期 欠 損 の 額	0	0	0
加算　S 社 株 式 譲 渡 益	110.83	110.83	0
所 得 金 額 又 は 欠 損 金 額	110.83	110.83	0

別表五　利益積立金額及び資本金等の額の計算に関する明細書

I　利益積立金額の計算に関する明細書				
区　　分	期首現在 利益積立金額	当期の増減		差引翌期期首現在 利益積立金額
		減	増	
S　社　株　式	△110.83	△110.83		0

④ S社株式の期末帳簿価額

　　会　計：　0　（＝400－400）

　　税　務：　0　（＝289.17－289.17）

〔４-２〕資本の払戻しによるみなし配当⑵[28]

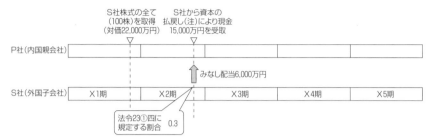

(注)　当該資本の払戻しは、基準日の定めがあるものとする。そうすると、基準時はその基準日が経過した時である（法令119の３⑨三イ）。

　外国子会社配当益金不算入制度により、Ｐ社の所得の金額の計算上、みなし配当の額の95％相当額は益金の額に算入しないこととされるから、その基準時の直前におけるＳ社株式の帳簿価額から、

$$\left[\begin{array}{c} 対象配当等の額 \\ 6,000万円 \end{array} \right] \times\ 95\%\ =\ 5,700万円$$

を減額し、同金額を利益積立金額から減算することとなる（法令９①一ワ）。

　また、資本の払戻しとして金銭その他の資産の交付を受けた場合における譲渡原価の額は、資本の払戻しの直前の帳簿価額に法令23①四に規定する割合を乗じて計算した金額となる（法令119の９①）から、譲渡原価の額は、

$$\left\{ \left[\begin{array}{c} Ｓ社株式の帳簿価額 \\ 22,000万円 \end{array} \right] - \left[\begin{array}{c} Ｓ社株式の帳簿価額から減算される金額 \\ 5,700万円 \end{array} \right] \right\} \times\ 0.3\ =\ 4,890万円$$

となる。

（単位：万円）

借　　方		貸　　方	
利 益 積 立 金 額	5,700	S　社　株　式	5,700
現　　　　金	15,000	S　社　株　式	4,890
		み な し 配 当	6,000
		譲　　渡　　益	4,110

〔5〕 株式分配によるみなし配当[29]

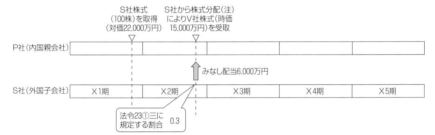

(注)　当該株式分配は、法法２十二の十五の三に規定する適格株式分配に該当せず、法法61の２⑧に
　　規定する金銭等不交付株式分配に該当するものとする。また、当該株式分配は、基準日及び効力
　　発生日の定めがないものとする。そうすると、基準時は、当該株式分配がされる時である（法令
　　119の３⑨三ロ）。

　外国子会社配当益金不算入制度により、Ｐ社の所得の金額の計算上、みなし
配当の額の95％相当額は益金の額に算入しないこととされるから、その基準時
の直前におけるＳ社株式の帳簿価額から、

$$\begin{bmatrix} 対象配当等の額 \\ 6,000万円 \end{bmatrix} \times \ 95\% \ = \ 5,700万円$$

を減額し、同金額を利益積立金額から減算することとなる（法令９①一ワ）。
　また、金銭等不交付株式分配により完全子法人の株式の交付を受けた場合に

は、譲渡対価の額及び譲渡原価の額は、いずれも株式分配の直前の完全子法人株式対応帳簿価額とされ、譲渡損益は生じない（法法61の2⑧）ところ、この完全子法人株式対応帳簿価額は、株式分配の直前の帳簿価額に法令23①三に規定する割合を乗じて計算した金額となる（法令119の8の2①）から、譲渡原価の額は、

$$\left\{ \left[\begin{array}{c} \text{S社株式の帳簿価額} \\ 22,000万円 \end{array} \right] - \left[\begin{array}{c} \text{S社株式の帳簿価額から減算される金額} \\ 5,700万円 \end{array} \right] \right\} \times 0.3 = 4,890万円$$

となる。

　さらに、株式分配により交付を受けた完全子法人株式の取得価額は、現物分配法人株式の株式分配の直前の帳簿価額に法令23①三に規定する割合を乗じて計算した金額に、みなし配当の額を加算した金額となる（法令119①八）から、V社株式の取得価額は、

$$\left\{ \left[\begin{array}{c} \text{S社株式の帳簿価額} \\ 22,000万円 \end{array} \right] - \left[\begin{array}{c} \text{S社株式の帳簿価額から減算される金額} \\ 5,700万円 \end{array} \right] \right\} \times 0.3 + 6,000万円$$

$$= 10,890万円$$

となる。

（単位：万円）

借　　　　方		貸　　　　方	
利 益 積 立 金 額	5,700	S 　社 　株 　式	5,700
V 　社 　株 　式	10,890	S 　社 　株 　式	4,890
		み な し 配 当	6,000

--- **Q&A** ---

Q1

> 　子会社株式簿価減額特例を適用した結果、税務上の株式の帳簿価額がマイナスの金額になることはありますか。

Answer

> 　マイナスの金額になることもあり得ます。

《参 考》

財務省（2020）476頁

Q2

> 　配当等の額が株式等の帳簿価額の10％相当額を超えるかどうかの判定（10％判定）は、どのタイミングで行いますか。

Answer

> 　配当等の額を受けるごとに、かつ、事業年度単位で行うこととなります。

《参 考》

髙橋（2020）８頁

Q3

　子会社から対象配当等の額を受けるのが、その対象配当等の額に係る基準時の属する事業年度（以下「基準時事業年度」といいます）終了の日後となる場合であっても、その基準時事業年度に遡って子会社株式簿価減額特例の適用があることとされています。

　そこで、対象配当等の見積額に基づき基準時事業年度の確定申告において暫定的に子会社株式簿価減額特例の適用を受け、後日、その額が確定した段階で、修正申告又は更正の請求を行うこととしても差し支えありませんか。

Answer

　子会社から対象配当等の額を受ける時期が、基準時事業年度終了の日後となる場合において、その対象配当等の額を受けることが確実であると認められるときは、その受けることが確実であると認められる対象配当等の額に基づきその基準時事業年度の確定申告において子会社株式簿価減額特例の適用を受けることができます（法通２－３－22の５後段）。

　もっとも、この取扱いは、「受けることが確実であると認められる対象配当等の額に基づき」確定申告を行うことが条件となっていますので、後日、修正申告又は更正の請求を行うことを想定しながら、不確実な対象配当等の額に基づき確定申告を行うことは想定されていないと考えられます。

《解　説》

　国税庁課税部法人課税課の髙橋正朗課長補佐（当時）は、法通２－３－22の５後段の取扱いについて、「あくまでも配当の額もそうですし、配当をする・しないということも含めて、内部的でもいいのですが、確定しているということが条件になってきます。後から金額が変動して更正の請求をするとかしないとかということは、この取扱いの中では想定していないということになります」[30]

と述べておられます。

法令119の3 ⑦各号

子会社株式簿価減額特例が
適用されない場合

本セクションの構成

1　解　説

2　用語の意義

3　趣　旨

4　通　達

令和4年度税制改正大網

別　表

計算例

Q&A

法令119の３	移動平均法を適用する有価証券について評価換え等があった場合の１単位当たりの帳簿価額の算出の特例

7　内国法人が他の法人…から…配当等の額…を受ける場合…において、…対象配当等の額…及び同一事業年度内配当等の額…の合計額が当該対象配当等の額及び同一事業年度内配当等の額に係る各基準時の直前において当該内国法人が有する当該他の法人の株式等…の帳簿価額のうち最も大きいものの100分の10に相当する金額を超えるとき（次に掲げる要件のいずれかに該当するときを除く。）は、当該内国法人が有する当該他の法人の株式等の当該対象配当等の額に係る基準時における移動平均法により算出した一単位当たりの帳簿価額は、当該株式等の当該基準時の直前における帳簿価額から当該対象配当等の額のうち…益金不算入規定…により益金の額に算入されない金額…に相当する金額を減算した金額を当該株式等の数で除して計算した金額とする。

一　当該他の法人（普通法人に限るものとし、外国法人を除く。）の設立の時から当該内国法人が当該他の法人との間に最後に特定支配関係を有することとなった日（以下この条において「特定支配日」という。）までの期間を通じて、当該他の法人の発行済株式又は出資（当該他の法人が有する自己の株式又は出資を除く。）の総数又は総額のうちに占める普通法人（外国法人を除く。）若しくは協同組合等又は所得税法第２条第１項第３号（定義）に規定する居住者が有する当該他の法人の株式又は出資の数又は金額の割合が100分の90以上であること（当該期間を通じて当該割合が100分の90以上であることを証する書類を当該内国法人が保存していない場合を除く。）。

二　特定支配日が当該対象配当等の額を受ける日の属する当該他の法人の事業年度開始の日前である場合において、イに掲げる金額からロに掲げる金額を減算した金額がハに掲げる金額以上であること（当該減算した金額がハに掲げる金額以上であることを証する書類を当該内国法人が保存していない場合を除く。）。

　　イ　当該他の法人の当該対象配当等の額に係る決議日等前に最後に終了した事業年度の貸借対照表に計上されている利益剰余金の額

　　ロ　イに規定する事業年度終了の日の翌日から当該対象配当等の額を受ける時までの間に当該他の法人の株主等が当該他の法人から受ける配当等の額の合計額

　　ハ　当該他の法人の特定支配日前に最後に終了した事業年度（当該特定支配

日の属する事業年度が当該他の法人の設立の日の属する事業年度である場合に
は、その設立の時）の貸借対照表に計上されている利益剰余金の額（当該他
の法人の当該特定支配日の属する事業年度開始の日以後に当該他の法人の株主
等が当該他の法人から受けた配当等の額（当該配当等の額に係る基準時が当該
特定支配日前であるものに限る。）がある場合には、当該配当等の額に対応して
減少した当該他の法人の利益剰余金の額の合計額を減算した金額）

三　特定支配日から当該対象配当等の額を受ける日までの期間が10年を超える
こと。

四　当該対象配当等の額及び同一事業年度内配当等の額の合計額が2,000万円
を超えないこと。

Point

次に掲げる要件のいずれかに該当する場合には、子会社株式簿価減額特
例を適用しない。

①　設立時から特定支配日までの間を通じて、子会社の発行済株式等の
90%以上を内国株主が保有していること

②　配当等を行った後の子会社の利益剰余金の額が特定支配日前に最後
に終了した事業年度の貸借対照表に計上されている利益剰余金の額を
下回らない状態にあること

③　特定支配日から10年を超えて受ける配当等であること

④　配当等の額（その事業年度開始の日からその受ける直前までに子会社か
ら受ける配当等の額を含む）が2,000万円を超えないこと

1 解　説

次の(1)から(4)までに掲げる要件のいずれかに該当する場合には、子会社株式
簿価減額特例の適用はないこととされている。

(1)　内国株主割合要件

　他の法人（内国普通法人に限る）の設立の時から**特定支配日**までの期間を通じて、当該他の法人の発行済株式又は出資（注1）の総数又は総額のうちに占める内国普通法人若しくは協同組合等又は**居住者**（所法2①三）が有する当該他の法人の株式又は出資の数又は金額の割合が90％以上であること（注2）

> （注1）　当該他の法人が有する自己の株式又は出資を除く。
>
> （注2）　当該期間を通じて当該割合が90％以上であることを証する書類を当該内国法人が保存していない場合を除く。

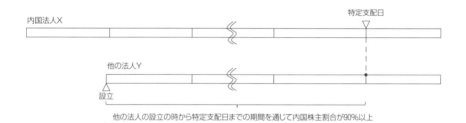

他の法人の設立の時から特定支配日までの期間を通じて内国株主割合が90％以上

(2)　特定支配日利益剰余金額要件

　特定支配日が**対象配当等の額**[1]を受ける日の属する他の法人の事業年度開始の日前である場合において、イに掲げる金額からロに掲げる金額を減算した金額がハに掲げる金額以上であること（注1）。

　イ　当該他の法人の当該対象配当等の額に係る**決議日等**[2]前に最後に終了した事業年度の貸借対照表に計上されている利益剰余金の額

　ロ　イに規定する事業年度終了の日の翌日から当該対象配当等の額を受ける時までの間に当該他の法人の株主等が当該他の法人から受ける**配当等の額**[3]の合計額

　ハ　当該他の法人の特定支配日前に最後に終了した事業年度（注2）の貸借

1）法令119の3⑦柱書
2）法令119の3⑨一
3）法令119の3⑦柱書

対照表に計上されている利益剰余金の額（注3）

- （注1） 当該減算した金額がハに掲げる金額以上であることを証する書類を当該内国法人が保存していない場合を除く。
- （注2） 当該特定支配日の属する事業年度が当該他の法人の設立の日の属する事業年度である場合には、その設立の時
- （注3） 当該他の法人の当該特定支配日の属する事業年度開始の日以後に当該他の法人の株主等が当該他の法人から受けた配当等の額（当該配当等の額に係る**基準時**[4]が当該特定支配日前であるものに限る）がある場合には、当該配当等の額に対応して減少した当該他の法人の利益剰余金の額の合計額を減算した金額

(3) 10年超支配要件

特定支配日から対象配当等の額を受ける日までの期間が10年を超えること。

(4) 金額要件

対象配当等の額及び**同一事業年度内配当等の額**[5]の合計額が2,000万円を超えないこと。

2 用語の意義

用　語	意　義
特定支配日	当該内国法人が当該他の法人との間に最後に**特定支配関係**[6]を有することとなった日
居住者 （所法2①三）	国内に住所を有し、又は現在まで引き続いて1年以上居所を有する個人

---

4) 法令119の3⑨三
5) 法令119の3⑦柱書
6) 法令119の3⑨二

3　趣旨

(1)　内国株主割合要件

　配当法人、旧株主及び現株主の全てが内国法人である場合には、我が国において、配当法人が稼得した利益に対して課税が行われた上で、旧株主においても配当法人の留保利益の蓄積に対応する部分に対して株式譲渡益課税が行われる。そのため、平成13年度税制改正におけるみなし配当に係る改正の経緯・考え方等を踏まえると、配当法人、旧株主及び現株主の全てが内国法人等である場合に、旧株主における譲渡益課税を現株主における譲渡損失と相殺することにより我が国における法人段階の重複課税を排除するために、現株主における譲渡損失の計上を認めるという現行の取扱いには、一定の合理性があるものと考えられる。

　このような考え方を基礎としつつ、租税回避防止とコンプライアンス・コストとのバランスを取ることとされている[7]。

(2)　特定支配日利益剰余金額要件

　子会社株式簿価減額特例は、親会社が子会社株式を取得する前に蓄積した当該子会社の利益積立金額を原資とした配当を行うことにより子会社株式の時価を引き下げることを問題の一つとして捉えているが、配当を行った後の子会社の利益剰余金の額が特定支配日の利益剰余金の額を下回らない状態にある場合には、その配当は、親会社が子会社を取得した後に生じた利益を原資としたものであると考えることが可能であり、同特例の対象とする必要性が高くないものと整理することができる。そのため、一定の書類の保存を要件として、同特例を適用しないこととされたものである。

　なお、本来的には、本要件の判定に際して税務上の概念である利益積立金額を用いるべきであるが、納税者の事務負担に考慮する観点から、会計上の利益

7）財務省（2020）482頁

剰余金の額を用いることとされている[8]。

(3)　10年超支配要件

　設立日が何十年も前である法人が内国株主割合要件を満たすためには、その設立日から特定支配日までの株主の状況を把握する必要がある。また、特定支配日が何十年も前である法人が特定支配日利益剰余金額要件を満たすためには、その特定支配日の利益剰余金の額を把握する必要がある。しかし、過去何十年も前の状況やその当時の金額を把握及び管理することは困難を伴うことが想定され、仮に可能であったとしても相当な事務負担が納税者側に生ずることになる。そこで、特定支配日から一定の期間（10年）を超えて受ける配当については、子会社株式簿価減額特例を適用しないこととされているものである[9]。

(4)　金額要件

　子会社株式簿価減額特例は租税回避防止制度として措置される点を踏まえ、他の租税回避防止制度（外国子会社合算税制、過大支払利子税制等）を参考にして、対象配当等の額及び同一事業年度内配当等の額の合計額が少額と認められる場合には、同特例を適用しないこととされているものである[10]。

4　通　達

法通2-3-22の6	内国株主割合が90%以上であることを証する書類
令第119条の3第7項第1号《移動平均法を適用する有価証券について評価換え等があった場合の1単位当たりの帳簿価額の算出の特例》の「当該期間を通じて当該割合が100分の90以上であることを証する書類」とは、設立の時の株主の状況及び当該設立の時から特定支配日（同号に規定する特定支配日をいう。）まで	

8）財務省（2020）483頁
9）財務省（2020）484頁
10）財務省（2020）484頁

の株主の異動の状況が確認できる書類のそれぞれをいうことから、例えば、これらの状況が確認できる商業登記簿謄本、株主名簿の写し、株式譲渡契約書又は有価証券台帳等はこれに該当する。

【解 説】

　内国株主割合要件では、他の法人の設立時から特定支配日までの期間を通じて、内国株主による保有割合が90％以上であることを証する書類を保存する必要があるが、設立時の株主の状況と合わせ、その後の株主の異動の内容が確認できれば、結果的に一定期間を通じた株主の保有割合が確認できることから、❶設立時の株主の状況が確認できる書類と❷株主の異動時の状況が確認できる書類のそれぞれが、内国株主割合要件の書類に該当する。

　具体的な保存書類については、例えば、設立時の株主の状況が確認できる商業登記簿や異動時の株主名簿のほか、株式譲渡契約書や有価証券台帳等により株主等の異動状況が確認できる場合におけるこれらの書類もこれに該当する。

　ただし、これらの書類により設立時から特定支配日までの期間を通じて内国株主割合が90％以上であるように見えたとしても、税務調査において、ある一時点における内国株主割合が90％を下回る事実が存在することが判明した場合には、内国株主割合要件は満たさないことに留意する必要がある[11][12]。

法通2-3-22の7	他の法人等が外国法人である場合の円換算

　法人が令第119条の3第7項第2号、第8項及び第11項《移動平均法を適用する有価証券について評価換え等があった場合の1単位当たりの帳簿価額の算出の特例》の規定の適用を受ける場合において、他の法人又は同項第1号に規定する関係法人が外国法人であるときにおけるこれらの規定の計算の基礎となる金額の円換算については、当該計算の基礎となる金額につき全て外貨建ての金額に基づき計算した金額について円換算を行う方法又は当該計算の基礎となる金額につき全て円換算後の金額に基づき計算する方法など、合理的な方法により円換算を

---

11) 財務省（2020）482頁
12) 趣旨説明（2021）16・17頁

行っている場合には、これを認める。

【解 説】

　例えば、特定支配日利益剰余金額要件又は法令119の3⑧の特例計算は、他の法人の株式等を取得した後に生じた利益からの配当等と観念されるものは子会社株式簿価減額特例の対象から除く趣旨から設けられているところ、そのような利益の獲得時点と配当等の支払時点が異なることによる為替の影響について、その計算を行う法人の事務負担を考慮してこれを行わないこととするというのもあながち不合理であるとはいえない。

　このことから、法令119の3⑦二、法令119の3⑧及び法令119の3⑪の各規定の計算の基礎となる配当等の額又は利益剰余金の額が外貨建ての金額であるならば、全て外貨建ての金額に基づき計算した結果の金額を円換算する方法や、都度円換算した後の金額に基づき計算する方法など、法人が選択する合理的な方法によりこれらの計算を行うことができることとされている。

　なお、前者の計算に用いる為替レートについては、期末などあらかじめ定めた合理的な時点における為替レートであれば差し支えない。

　また、外国法人である他の法人の総資産の帳簿価額のうちに占める各基準時直前の関係法人の株式等の帳簿価額のうち最も大きいものの割合が50％を超えるものの判定（法令119の3⑪二）については、換算時点の為替レートが同一であれば円換算自体が判定に影響を与えるものではないが、この総資産の帳簿価額は会計上の帳簿価額であり、関係法人の株式等の帳簿価額は税務上の帳簿価額（注）であることに留意が必要である[13]。

　　（注）　他の法人が我が国の法人税法が適用されていない法人である場合には、会計上の帳簿価額を用いて差し支えない[14]。

---

13) 趣旨説明（2021）21頁
14) 趣旨説明（2021）21頁

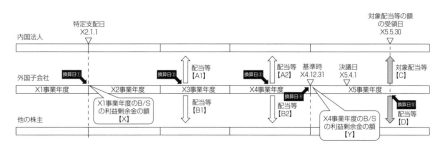

（財務省（2020）486頁、趣旨説明（2021）22頁を参考に作成）

令和4年度税制改正大綱

　特定支配日利益剰余金額要件については、「配当事業年度の利益を原資とし
て期中配当（対象配当等）を行う場合には、適用除外規定（特定支配日利益剰余
金要件）の判定においては、期中の利益等を考慮せず、配当等事業年度の前事
業年度の貸借対照表に計上されている利益剰余金に基づき判定が行われるた
め、適用除外とならない可能性がある。当該リスクを回避するために、子会社
からの配当を翌期まで遅延させる等の対応を行わざるを得ず、資金回収の遅延
や当該遅延に伴う事務負担が生じることから、一定の要件を定めた上で、配当
事業年度の前事業年度の貸借対照表に計上されている利益剰余金に期中配当に
係る利益の額を加算する等の調整を加えて頂きたい」（国際課税連絡協議会「令
和4年度税制改正要望」（令和3年9月））というような声があったところである。

　令和4年度税制改正の大綱によれば、特定支配日利益剰余金額要件の判定に
ついて、次の見直しが行われる。

(1)　子法人の対象配当等の額に係る決議日等前に最後に終了した事業年度
　　（以下「**直前事業年度**」という）終了の日の翌日からその対象配当等の額を
　　受けるまでの期間（以下「**対象期間**」という）内にその子法人の利益剰余金
　　の額が増加した場合において、対象期間内にその子法人の株主等がその子
　　法人から受ける配当等の額に係る基準時のいずれかがその翌日以後である
　　ときは、直前事業年度の貸借対照表に計上されている利益剰余金の額に期
　　中増加利益剰余金額（注）を加算することができることとする。ただし、
　　次に掲げる金額を証する書類を保存している場合に限る。

　　イ　期中増加利益剰余金額

　　ロ　特定支配前の期中増加利益剰余金額（注）

(2)　上記(1)の適用を受ける場合には、特定支配日前に最後に終了した事業年
　　度の貸借対照表に計上されている利益剰余金の額に特定支配前の期中増加
　　利益剰余金額を加算する。

（注）「期中増加利益剰余金額」及び「特定支配前の期中増加利益剰余金額」
　　の意義は、次のとおりである。

用　語	意　義
期中増加利益剰余金額	❶その対象期間内に増加したその子法人の利益剰余金の額と❷その対象期間内にその子法人の株主等がその子法人から受ける配当等の額に対応して減少したその子法人の利益剰余金の額の合計額
特定支配前の期中増加利益剰余金額	特定支配日の属する事業年度開始の日から特定支配日の前日までの期間（以下「**特定支配前対象期間**」という）内にその子法人の利益剰余金の額が増加した場合において、その子法人の株主等がその子法人から受ける配当等の額（その基準時が特定支配前対象期間内にあるものに限る）があるときにおける❶その特定支配前対象期間内に増加したその子法人の利益剰余金の額と❷その特定支配前対象期間内にその子法人の株主等がその子法人から受ける配当等の額に対応して減少したその子法人の利益剰余金の額の合計額

　上記の改正は、令和2年4月1日以後に開始する事業年度において受ける対象配当等の額について適用されることとされている。

■改正前のイメージ

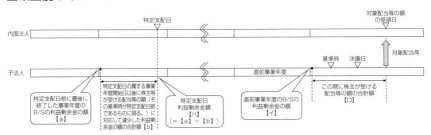

（財務省（2020）483頁を一部加工）

　上記の例において、

　　【イ】－【ロ】≧【ハ】（＝【a】－【b】）

である場合には、子会社株式簿価減額特例が適用されないこととなる。

■改正後のイメージ

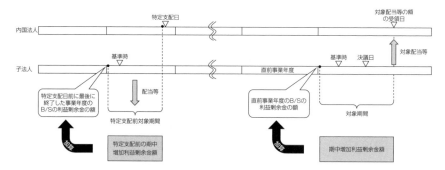

　上記の例において、「直前事業年度のB/Sの利益剰余金の額」に「期中増加利益剰余金額」を加算することができる。ただし、加算する場合には、「特定支配日前に最後に終了した事業年度のB/Sの利益剰余金の額」に「特定支配前の期中増加利益剰余金額」を加算する。

別 表

特定支配関係のある他の法人から受ける対象配当等の額等に関する明細書		事業年度又は連結事業年度	・　・	法人名	（　　　　　）
他 の 法 人 の 名 称	1				
本店又は主たる事務所の所在地	2				
特 定 支 配 日	3	・　・		・　・	・　・
対 象 配 当 等 の 額	4	円		円	
対象配当等の額に係る基準時	5	・　・		・　・	・　・
同一事業年度内配当等の額の合計額	6	円		円	
(6)のうち令第119条の3第7項の規定の適用を受けなかった配当等の額の合計額	7				
(4) + (6)	8				
(4)及び(6)に係る各基準時の直前において有する他の法人の株式又は出資の帳簿価額のうち最も大きいもの	9				
(9) × 10%	10				
内国の株主割定利合　令第119条の3第7項第1号の該当の有無	11	有　・　無		有　・　無	有　・　無
令第119条の3第7項第2号の該当の有無	12	有　・　無		有　・　無	有　・　無
他の法人の株式又は出資の基準時の直前における帳簿価額から減算される金額	13	円		円	円
特　定　支　配　後　増　加　利　益　剰　余　金　額　超　過　額　等　の　計　算					
支配後配当等の額の合計額	14				
(14)のうち支払を受ける配当等の額の合計額	15				
他の法人の対象配当等の額に係る決議日等前に最後に終了した事業年度の貸借対照表に計上されている利益剰余金の額	16				
特定支配日から対象配当等の額に係る決議日等の属する他の法人の事業年度開始の日の前日までの間に当該他の法人の株主等が受けた配当等の額に対応して減少した当該他の法人の利益剰余金の額の合計額	17				
他の法人の特定支配日前に最後に終了した事業年度の貸借対照表に計上されている利益剰余金の額（当該特定支配日の属する事業年度開始の日以後に当該他の法人の株主等が受けた配当等の額がある場合には、当該配当等の額に対応して減少した利益剰余金の額を減算した金額）	18				
特定支配後増加利益剰余金額　(16) + (17) - (18)（マイナスの場合は0）	19				
(14) - (19)（マイナスの場合は0）	20				
(20) × (15)/(14)	21				
対象配当等の額を受ける前に他の法人から受けた配当等の額のうち令第119条の3第7項の規定の適用に係る金額	22				
特定支配後増加利益剰余金額超過額　(21) - (22)（マイナスの場合は0）	23				
((4) + (7))と(23)のうちいずれか少ない金額	24	円		円	円
(24)のうち益金不算入規定により益金の額に算入されない金額　((13)へ記入)	25				

別表八（三）の記載について

1 この明細書は、法人が受ける対象配当等の額及び同一事業年度内配当等の額の合計額（「4」欄＋「6」欄）が当該対象配当等の額及び同一事業年度内配当等の額に係る各基準時の直前において当該内国法人が有する他の法人の株式等の帳簿価額のうち最も大きいものの10％相当額（「10」欄）を超える場合（次に掲げる場合を除く）に記載する（法令119の3⑬）。

(1) **10年超支配要件**[15)]又は**金額要件**[16)]のいずれかに該当する場合

(2) 対象配当等の額及び同一事業年度内配当等の額のいずれについても益金不算入規定の適用を受けない場合

2 **内国株主割合要件**[17)]に該当する場合には、「11」欄にその旨を記載する。

3 **特定支配日利益剰余金額要件**[18)]に該当する場合には、「12」欄にその旨を記載する。

---

15) 法令119の3⑦三

16) 法令119の3⑦四

17) 法令119の3⑦一

18) 法令119の3⑦二

計算例

　以下、他の法人の特定支配日の属する事業年度開始の日以後に当該他の法人の株主等が当該他の法人から受けた配当等の額（当該配当等の額に係る基準時が当該特定支配日前であるもの）があるケースとないケースのそれぞれについて特定支配日利益剰余金額要件の計算例を示す。

⑴　**特定支配日の属する事業年度開始の日以後に他の法人の株主等が当該他の法人から受けた配当等の額がないケース**

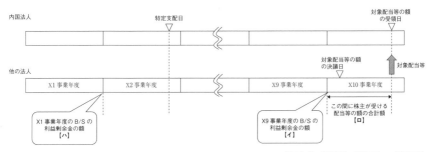

（財務省（2020）483頁を一部加工）

　上記の例において、

　　【イ】－【ロ】≧【ハ】

である場合には、子会社株式簿価減額特例が適用されないこととなる。

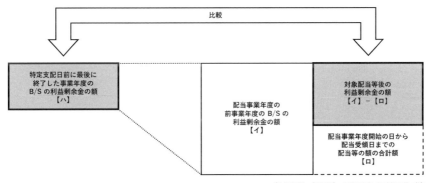

（財務省（2020）483頁を参考に作成）

⑵　**特定支配日の属する事業年度開始の日以後に他の法人の株主等が当該他の法人から受けた配当等の額があるケース**

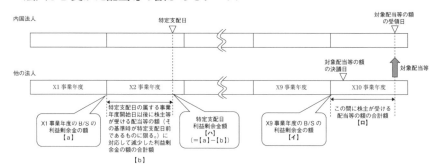

（財務省（2020）483頁を一部加工）

　上記の例において、

$$【イ】－【ロ】≧【ハ】（＝【a】－【b】）$$

である場合には、子会社株式簿価減額特例が適用されないこととなる。

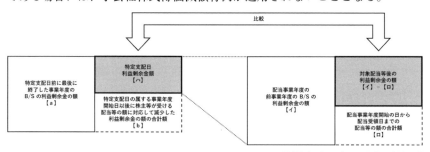

（財務省（2020）483頁を一部加工）

Q&A

Q1

下記の例において、同じタイミングで株主Ｂが外国法人に、株主Ｃが内国法人に、それぞれその保有株式の全てを譲渡した場合であっても、内国株主割合要件を満たすことになりますか。

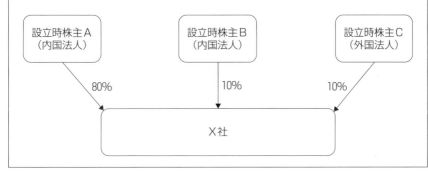

Answer

内国株主割合要件を満たすことになると考えられます。

《解　説》

　内国株主割合要件では設立時から特定支配日までの間、発行済株式等の90％以上を内国株主によって保有されていることとされていますが、その発行済株式等の各々について国内株主によって保有され続けてきたかどうかを追跡する必要はなく、内国株主による発行済株式等の保有割合が90％を下回ることがなければよいこととされています。

《参　考》

財務省（2020）482頁

Q2

> 　内国株主割合要件では、子会社の設立時から特定支配日までの期間を通じて、内国株主割合が90％以上であることを証する書類を保存することが求められていますが、株式譲渡における表明保証は、この保存書類に該当しますか？

Answer

> 　株式譲渡における表明保証は、通常、内国株主割合が90％以上であることを証する書類には該当しないものと考えられます。

《解　説》

　株式譲渡における表明保証について、国税庁課税部法人課税課の髙橋正朗課長補佐（当時）は、「それだけでは全てを証明するということにはならないかなと考えます」[19]と述べておられます。

Q3

> 　子会社が外国法人に該当する場合は、特定支配日利益剰余金額要件の判定に際して、我が国の会計基準に基づいて、その外国法人の利益剰余金の額を再計算することになりますか。

Answer

> 　そのような再計算をする必要はなく、その外国法人の所在地国の会計基準に基づいた利益剰余金の額を用いることになると考えられます。

《解　説》

　法令119の3⑦二の規定の計算の基礎となる利益の累積額については、他の

---

19) 髙橋（2020）12頁

法人が外国法人であり、その貸借対照表等が所在地国の現地法令に基づいて作成されている場合においても、その貸借対照表上の我が国における利益剰余金の額に相当する金額を用いて差し支えありません。

《参 考》

財務省（2020）483頁

趣旨説明（2021）21頁

法令119の３ ⑧

株式等の帳簿価額から減算する金額に関する特例計算

法令119の3	移動平均法を適用する有価証券について評価換え等があった場合の１単位当たりの帳簿価額の算出の特例

8　前項の内国法人が、その受ける対象配当等の額（特定支配日の属する事業年度に受けるものを除く。）に係る基準時の属する事業年度の確定申告書、修正申告書又は更正請求書に当該対象配当等の額及び同一事業年度内配当等の額並びに特定支配後増加利益剰余金額超過額（特定支配日から当該対象配当等の額を受ける時までの間に同項に規定する他の法人の株主等が当該他の法人から受ける配当等の額（当該配当等の額に係る基準時が特定支配日以後であるものに限る。以下この項において「支配後配当等の額」という。）の合計額が特定支配後増加利益剰余金額（第１号に掲げる金額に第２号に掲げる金額を加算した金額から第３号に掲げる金額を減算した金額をいう。）を超える部分の金額（当該支配後配当等の額のうちに当該内国法人以外の者が受ける配当等の額がある場合には、当該超える部分の金額に当該支配後配当等の額のうち当該内国法人が受ける配当等の額の合計額が当該支配後配当等の額の合計額のうちに占める割合を乗じて計算した金額）に相当する金額から当該内国法人が当該対象配当等の額を受ける前に当該他の法人から受けた配当等の額のうち前項の規定の適用に係る金額を控除した金額をいう。）及びその計算に関する明細を記載した書類を添付し、かつ、財務省令で定める書類を保存している場合には、同項の規定による当該他の法人の株式等の当該対象配当等の額に係る基準時における移動平均法により算出した１単位当たりの帳簿価額の計算上当該株式等の当該基準時の直前における帳簿価額から減算する金額は、同項の規定にかかわらず、当該対象配当等の額及び同一事業年度内配当等の額（同項の規定の適用に係るものを除く。）の合計額のうち当該特定支配後増加利益剰余金額超過額に達するまでの金額（益金不算入規定により益金の額に算入されない金額に限る。）とする。
一　前項第２号イに掲げる金額
二　特定支配日から当該対象配当等の額に係る決議日等の属する当該他の法人の事業年度開始の日の前日までの間に当該他の法人の株主等が当該他の法人から受けた配当等の額（当該配当等の額に係る基準時が当該特定支配日以後であるものに限る。）に対応して減少した当該他の法人の利益剰余金の額の合計額
三　前項第２号ハに掲げる金額

Point

　子会社から受ける配当等の額のうち特定支配日後に生じた利益剰余金の額から支払われたと認められる部分については、子会社株式簿価減額特例の対象から除かれる。

1　解 説

　内国法人が、その受ける**対象配当等の額**[1]（注 1）に係る**基準時**[2]の属する事業年度の確定申告書、修正申告書又は更正請求書に❶当該対象配当等の額及び**同一事業年度内配当等の額**[3]並びに❷**特定支配後増加利益剰余金額超過額**及びその計算に関する明細を記載した書類（注 2）を添付し、かつ、一定の書類（注 3）を保存している場合には、子会社株式簿価減額特例の適用による他の法人の**株式等**[4]の当該対象配当等の額に係る基準時の直前における帳簿価額から減算する金額は、法令119の 3 ⑦の規定にかかわらず、当該対象配当等の額及び同一事業年度内配当等の額（注 4）の合計額のうち当該特定支配後増加利益剰余金額超過額に達するまでの金額（注 5）とすることができる。

　　（注 1）　**特定支配日**[5]の属する事業年度に受けるものを除く。
　　（注 2）　具体的には、法人税申告書別表八（三）「特定支配関係のある他の法人から受ける対象配当等の額等に関する明細書」をいう[6]。
　　（注 3）　具体的には、次に掲げる書類である（法規27①）。
　　　　イ　他の法人の特定支配日前に最後に終了した事業年度（当該特定支配日の属する事業年度が当該他の法人の設立の日の属する事業年度である場合には、その設立の時）から対象配当等の額に係る**決議日等**[7]前に最後

1 ）法令119の 3 ⑦柱書
2 ）法令119の 3 ⑨三
3 ）法令119の 3 ⑦柱書
4 ）法令119の 3 ⑦柱書
5 ）法令119の 3 ⑦一
6 ）財務省（2020）484頁
7 ）法令119の 3 ⑨一

に終了した事業年度までの各事業年度の貸借対照表、損益計算書及び株主資本等変動計算書、社員資本等変動計算書、損益金の処分に関する計算書その他これらに類する書類

ロ　支配後配当等の額を明らかにする書類（イに掲げる書類を除く）

ハ　**特定支配後増加利益剰余金額**の計算の基礎となる書類（イに掲げる書類を除く）

ニ　イ～ハに掲げるもののほか、特定支配後増加利益剰余金額超過額の計算の基礎となる書類

（注4）　法令119の3⑦の規定の適用に係るものを除く。

（注5）　**益金不算入規定**[8]により益金の額に算入されない金額に限る。

2　用語の意義

用　語	意　義
特定支配後増加利益剰余金額超過額	**支配後配当等の額**の合計額が特定支配後増加利益剰余金額を超える部分の金額（注）に相当する金額から当該内国法人が当該対象配当等の額を受ける前に当該他の法人から受けた配当等の額のうち法令119の3⑦の規定の適用に係る金額を控除した金額 （注）　当該支配後配当等の額のうちに当該内国法人以外の者が受ける配当等の額がある場合には、当該超える部分の金額に当該支配後配当等の額のうち当該内国法人が受ける配当等の額の合計額が当該支配後配当等の額の合計額のうちに占める割合を乗じて計算した金額
支配後配当等の額	特定支配日から当該対象配当等の額を受ける時までの間に他の法人の株主等が当該他の法人から受ける配当等の額（当該配当等の額に係る基準時が特定支配日以後であるものに限る）
特定支配後増加利益剰余金額	イに掲げる金額にロに掲げる金額を加算した金額からハに掲げる金額を減算した金額

8）法令119の3⑦柱書

	イ　当該他の法人の当該対象配当等の額に係る決議日等前に最後に終了した事業年度の貸借対照表に計上されている利益剰余金の額 ロ　特定支配日から当該対象配当等の額に係る決議日等の属する当該他の法人の事業年度開始の日の前日までの間に当該他の法人の株主等が当該他の法人から受けた配当等の額（注１）に対応して減少した当該他の法人の利益剰余金の額の合計額 ハ　当該他の法人の特定支配日前に最後に終了した事業年度（注２）の貸借対照表に計上されている利益剰余金の額（注３） （注１）　当該配当等の額に係る基準時が当該特定支配日以後であるものに限る。 （注２）　当該特定支配日の属する事業年度が当該他の法人の設立の日の属する事業年度である場合には、その設立の時 （注３）　当該他の法人の当該特定支配日の属する事業年度開始の日以後に当該他の法人の株主等が当該他の法人から受けた配当等の額（当該配当等の額に係る基準時が当該特定支配日前であるものに限る）がある場合には、当該配当等の額に対応して減少した当該他の法人の利益剰余金の額の合計額を減算した金額

3　趣旨

法令119の３⑧の特例計算は、法令119の３⑦各号のいずれの要件にも該当せず、子会社株式簿価減額特例の対象となる場合であっても、その益金不算入相当額の全額について株式等の帳簿価額を引き下げるのではなく、配当のうち特定支配日後に生じた利益剰余金の額から支払われたと認められる部分については、同特例の対象から除くために設けられたものである。

なお、納税者の事務負担に考慮する観点から、会計上の利益剰余金の額を用いることとされている[9]。

4　省　令

法規27	移動平均法を適用する有価証券について評価換え等があった場合の一単位当たりの帳簿価額の算出の特例に関する書類等

1　令第119条の３第８項（移動平均法を適用する有価証券について評価換え等があった場合の１単位当たりの帳簿価額の算出の特例）に規定する財務省令で定める書類は、次に掲げる書類とする。

一　他の法人（令第119条の３第７項に規定する他の法人をいう。以下この条において同じ。）の同項第１号に規定する特定支配日前に最後に終了した事業年度（当該特定支配日の属する事業年度が当該他の法人の設立の日の属する事業年度である場合には、その設立の時）から同項に規定する対象配当等の額に係る令第119条の３第９項第１号に規定する決議日等前に最後に終了した事業年度までの各事業年度の貸借対照表、損益計算書及び株主資本等変動計算書、社員資本等変動計算書、損益金の処分に関する計算書その他これらに類する書類

二　令第119条の３第８項に規定する支配後配当等の額を明らかにする書類（前号に掲げる書類を除く。）

三　令第119条の３第８項に規定する特定支配後増加利益剰余金額の計算の基礎となる書類（第１号に掲げる書類を除く。）

四　前３号に掲げるもののほか、令第119条の３第８項に規定する特定支配後増加利益剰余金額超過額の計算の基礎となる書類

5　通　達

法通２-３-22の５	基準時事業年度後に対象配当等の額を受ける場合の取扱い

法人が他の法人から受ける対象配当等の額について、当該対象配当等の額に係る基準時の属する事業年度（以下２-３-22の５において「基準時事業年度」という。）終了の日後にこれを受ける場合には、その受ける対象配当等の額に基づき当該基準時事業年度に遡って子会社株式簿価減額特例の適用があることに留意する。た

だし、当該対象配当等の額を受けることが確実であると認められる場合には、その受けることが確実であると認められる対象配当等の額に基づき当該基準時事業年度の確定申告において令第119条の3第7項又は第8項《移動平均法を適用する有価証券について評価換え等があった場合の1単位当たりの帳簿価額の算出の特例》の規定の適用を受けることとしても差し支えない。

【解 説】

　例えば、株式会社においては、基準日後3月以内に行われる株主総会の普通決議において配当財産の種類及び帳簿価額の総額並びに配当に係る効力発生日を定めることが一般的であるため、基準時事業年度末までに株主総会の決議等が行われない場合には、基準時事業年度の確定申告において他の法人の株式等の帳簿価額から減算される当該対象配当等の額に係る益金不算入相当額を計算することができないといったことが考えられる。このような場合において、その益金不算入相当額が計算できなかったことに基因して基準時事業年度の確定申告書に記載した税額の不足額等が生じたときには、株主総会の決議等により対象配当等の額が確定した段階で、基準時事業年度の修正申告を行うということが考えられる。

　しかしながら、修正申告のみが唯一の方法ではなく、受けることが確実と認められる配当等の額（注）があるのであれば、その受けることが確実と認められる配当等の額に基づき子会社株式簿価減額特例又は株式等の帳簿価額から減算する金額に関する特例計算（法令119の3⑧）を適用した上で基準時事業年度の確定申告をすることができる[10)11)]。

---

10)　趣旨説明（2021）14・15頁

11)　法通2−3−22の5について、国税庁課税部法人課税課の髙橋正朗課長補佐（当時）は、「政令の119条の3の8項…の場合、明細書とか添付書類を付けなくてはいけないということになっていまして、X＋1期〔筆者注：対象配当等の額に係る基準時の属する事業年度の翌事業年度〕で修正申告や更正の請求書でも添付することはできるのですが、譲渡等がない場合、もしくは譲渡損益が出ないような場合、修正申告や更正の請求事由が生じないような場合が考えられて、そうするとX期〔筆者注：対象配当等の額に係る基準時の属する事業年度〕で減額の特例措置の適用は受けられないのではないかという話もありました。ですので、通達は…X期において配当を受けること、あとは配当の額というものが確実だと認められる場合であれば、X＋1期で適用するのではなくてX期で適用してもいいという緩和措置を設けています」（髙橋（2020）11・12頁）と述べておられる。

（注）　ここでいう「受けることが確実と認められる対象配当等の額」とは、親子関係を前提に親会社が子会社に対して配当を請求する具体的な金額ということになるが、基準時事業年度の予想利益又は分配可能利益に基づく過去の実績や1株当たり予想配当額に基づいて親法人において受けることが確実と見込んでいる対象配当等の額であればこれに該当することになる。

　　　　また、例えば、配当等の決議前に第三者に対して他の法人の株式等を譲渡するような場面では、譲渡対価の額の算定に当たって当該他の法人の親法人において配当等の額が確実に見積もられることになるため、この見積額は「受けることが確実と認められる対象配当等の額」に該当することになる[12]。

法通2-3-22の7	他の法人等が外国法人である場合の円換算

　法人が令第119条の3第7項第2号、第8項及び第11項《移動平均法を適用する有価証券について評価換え等があった場合の1単位当たりの帳簿価額の算出の特例》の規定の適用を受ける場合において、他の法人又は同項第1号に規定する関係法人が外国法人であるときにおけるこれらの規定の計算の基礎となる金額の円換算については、当該計算の基礎となる金額につき全て外貨建ての金額に基づき計算した金額について円換算を行う方法又は当該計算の基礎となる金額につき全て円換算後の金額に基づき計算する方法など、合理的な方法により円換算を行っている場合には、これを認める。

【解　説】

　例えば、特定支配日利益剰余金額要件又は法令119の3⑧の特例計算は、他の法人の株式等を取得した後に生じた利益からの配当等と観念されるものは子会社株式簿価減額特例の対象から除く趣旨から設けられているところ、そのような利益の獲得時点と配当等の支払時点が異なることによる為替の影響について、その計算を行う法人の事務負担を考慮してこれを行わないこととするというのもあながち不合理であるとはいえない。

12）趣旨説明（2021）15頁

　このことから、法令119の3⑦二、法令119の3⑧及び法令119の3⑪の各規定の計算の基礎となる配当等の額又は利益剰余金の額が外貨建ての金額であるならば、全て外貨建ての金額に基づき計算した結果の金額を円換算する方法や、都度円換算した後の金額に基づき計算する方法など、法人が選択する合理的な方法によりこれらの計算を行うことができることとされている。

　なお、前者の計算に用いる為替レートについては、期末などあらかじめ定めた合理的な時点における為替レートであれば差し支えない。

　また、外国法人である他の法人の総資産の帳簿価額のうちに占める各基準時直前の関係法人の株式等の帳簿価額のうち最も大きいものの割合が50％を超えるものの判定（法令119の3⑪二）については、換算時点の為替レートが同一であれば円換算自体が判定に影響を与えるものではないが、この総資産の帳簿価額は会計上の帳簿価額であり、関係法人の株式等の帳簿価額は税務上の帳簿価額（注）であることに留意が必要である[13]。

　　（注）　他の法人が我が国の法人税法が適用されていない法人である場合には、会計上の帳簿価額を用いて差し支えない[14]。

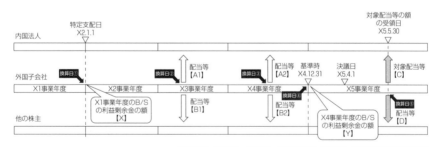

（財務省（2020）486頁、趣旨説明（2021）22頁を参考に作成）

13）趣旨説明（2021）21頁
14）趣旨説明（2021）21頁

法通２-３-22の８	特定支配後増加利益剰余金額超過額に達するまでの金額

法人が令第119条の３第８項《移動平均法を適用する有価証券について評価換え等があった場合の１単位当たりの帳簿価額の算出の特例》の規定の適用を受ける場合において、対象配当等の額及び同一事業年度内配当等の額の合計額が特定支配後増加利益剰余金額超過額（同項に規定する特定支配後増加利益剰余金額超過額をいう。以下２-３-22の８において同じ。）を超えているときは、当該特定支配後増加利益剰余金額超過額に達するまでの金額に当該対象配当等の額及び同一事業年度内配当等の額のいずれを優先して充てるかは、当該法人の選択による。

【解　説】

　法令119の３⑧の特例計算を適用した場合の他の法人の株式等の帳簿価額から減算する金額とは、❶「対象配当等の額及び同一事業年度内配当等の額の合計額」と❷「特定支配後増加利益剰余金額超過額」のうちいずれか少ない金額を計算した上で、その少ない金額のうち益金不算入相当額に達するまでの金額である。そうすると、上記❷が上記❶を超えている場合には特に問題は生じないが、上記❷が上記❶を下回っており、かつ、上記❶の「対象配当等の額」と「同一事業年度内配当等の額」のそれぞれに係る株式等の区分が異なるときには、どちらの配当等の額から優先して充てるかによって、他の法人の株式等の帳簿価額から減算する金額に差異が生ずることがある。

　この点について、法令上、どの配当等の額について子会社株式簿価減額特例の適用を受けることとなるのかの優先順位は付けられていない。そのため、対象配当等の額及び同一事業年度内配当等の額をどのような順序で特定支配後増加利益剰余金額超過額に充てるかは、法人の選択によることとされている[15]。

15）趣旨説明（2021）23・24頁

━━━ 別 表 ━━━

特定支配関係のある他の法人から受ける対象配当等の額等に関する明細書		事業年度 又は連結 事業年度	・ ・	法人名	（　　　　　　）	別表八㈢ 令三・四・一以後終了事業年度又は連結事業年度分
他 の 法 人 の 名 称	1					
本店又は主たる事務所の所在地	2					
特 定 支 配 日	3	・ ・		・ ・		・ ・
対 象 配 当 等 の 額	4	円		円		円
対象配当等の額に係る基準時	5	・ ・		・ ・		・ ・
同一事業年度内配当等の額の合計額	6	円		円		円
(6)のうち令第119条の3第7項の規定の適用を受けなかった配当等の額の合計額	7					
(4) ＋ (6)	8					
(4)及び(6)に係る各基準時の直前において有する他の法人の株式又は出資の帳簿価額のうち最も大きいもの	9					
(9) × 10%	10					
令第119条の3第7項第1号の該当の有無	11	有 ・ 無	有 ・ 無		有 ・ 無	
令第119条の3第7項第2号の該当の有無	12	有 ・ 無	有 ・ 無		有 ・ 無	
他の法人の株式又は出資の基準時の直前における帳簿価額から減算される金額	13	円		円		円
特 定 支 配 後 増 加 利 益 剰 余 金 額 超 過 額 等 の 計 算						
支 配 後 配 当 等 の 額 の 合 計 額	14					
(14)のうち支払を受ける配当等の額の合計額	15					
他の法人の対象配当等の額に係る決議日等前に最後に終了した事業年度の貸借対照表に計上されている利益剰余金の額	16					
特定支配日から対象配当等の額に係る決議日等の属する他の法人の事業年度開始の日の前日までの間に当該他の法人の株主等が受けた配当等の額に対応して減少した当該他の法人の利益剰余金の額の合計額	17					
他の法人の特定支配日前に最後に終了した事業年度の貸借対照表に計上されている利益剰余金の額（当該特定支配日の属する事業年度開始の日以後に当該他の法人の株主等が受けた配当等の額がある場合には、当該配当等の額に対応して減少した利益剰余金の額を減算した金額）	18					
特 定 支 配 後 増 加 利 益 剰 余 金 額 (16) ＋ (17) － (18) （マイナスの場合は0）	19					
(14) － (19) （マイナスの場合は0）	20					
(20) × $\frac{(15)}{(14)}$	21					
対象配当等の額を受ける前に他の法人から受けた配当等の額のうち令第119条の3第7項の規定の適用に係る金額	22					
特 定 支 配 後 増 加 利 益 剰 余 金 額 超 過 額 (21) － (22) （マイナスの場合は0）	23					
((4) ＋ (7)) と (23) のうちいずれか少ない金額	24	円		円		円
(24)のうち益金不算入規定により益金の額に算入されない金額 ((13)へ記入)	25					

別表八（三）の記載について

1　「14」から「25」までの各欄は、法令119の3⑧（法令119の4①後段においてその例による場合を含む）の規定の適用を受ける場合にのみ記載する[16]。

2　下記の例における「14」欄から「21」欄までの記載内容は、次のとおりである。

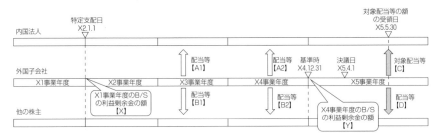

（注）　対象配当等の額を受ける前に他の法人から受けた配当等の額（A1、A2）のうち法令119の3⑦の規定の適用に係る金額はないものとする。

（財務省（2020）486頁を参考に作成）

(1)　「A1＋A2＋B1＋B2＋C＋D」を「14」欄に記載する。

(2)　「A1＋A2＋C」を「15」欄に記載する。

(3)　「Y」を「16」欄に記載する。

(4)　「A1、A2、B1及びB2に対応して減少した利益剰余金の額の合計額」を「17」欄に記載する。

(5)　「X」を「18」欄に記載する。

(6)　「Y＋（A1、A2、B1及びB2に対応して減少した利益剰余金の額の合計額）－X」（マイナスの場合は0）を「19」欄に記載する。

(7)　「14」欄の金額から「19」欄の金額を控除した残額を「20」欄に記載する。

　　　簡便のため、❶A1とA1に対応して減少した利益剰余金の額、❷A2とA2に対応して減少した利益剰余金の額、❸B1とB1に対応して減少した利益剰余金の額及び❹B2とB2に対応して減少した利益剰余金の額がそれぞれ同額であるとすると、「C＋D－（Y－X）」（マイナスの場合は0）を「20」欄に記載することとなる。

16）記載要領8（3）－2

(8) 「20」欄の金額に「15」欄の金額が「14」欄の金額のうちに占める割合を乗じて計算した金額を「20」欄に記載する。支配後配当等の額のうちに当該内国法人以外の者が受ける配当等の額（B1、B2、D）がない場合には、「21」欄の金額は、「20」欄の金額と同額となる。

　簡便のため、❶A1とA1に対応して減少した利益剰余金の額、❷A2とA2に対応して減少した利益剰余金の額、❸B1とB1に対応して減少した利益剰余金の額及び❹B2とB2に対応して減少した利益剰余金の額がそれぞれ同額であり、かつ、「C+D−(Y−X)」が零以上であるとすると、

$$\left\{ C + D - \left[Y - X \right] \right\} \times \frac{A1 + A2 + C}{A1 + A2 + B1 + B2 + C + D}$$

を「20」欄に記載することとなる。

計算例

以下、他の法人の特定支配日の属する事業年度開始の日以後に当該他の法人の株主等が当該他の法人から受けた配当等の額（当該配当等の額に係る基準時が当該特定支配日前であるもの）があるケースとないケースのそれぞれについて法令119の３⑧の特例計算の計算例を示す。

(1)　特定支配日の属する事業年度開始の日以後に他の法人の株主等が当該他の法人から受けた配当等の額がないケース

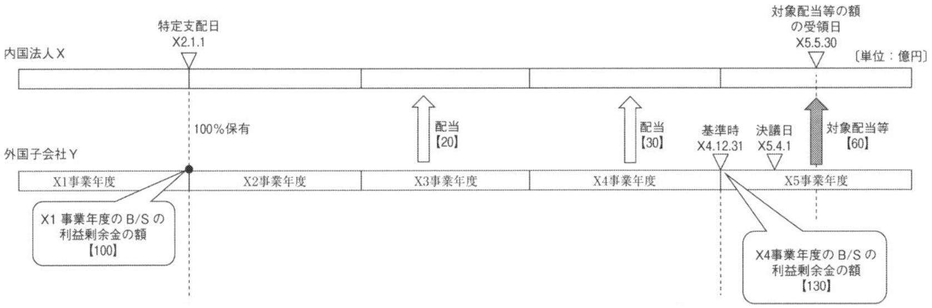

（注）　配当【20】及び配当【30】に対応して減少した利益剰余金額は、それぞれ20及び30であるものとする。なお、内国法人Ｘが対象配当等の額を受ける前に外国子会社Ｙから受けた配当等の額のうち法令119の３⑦の規定の適用に係る金額はないものとする。

（財務省（2020）486頁を一部加工）

上記の例において、外国子会社Ｙの株式等の帳簿価額から減額する金額は、原則計算による場合は、

対象配当等の額　60　×　95％　＝　57

となるが、法令119の３⑧の特例計算による場合は、

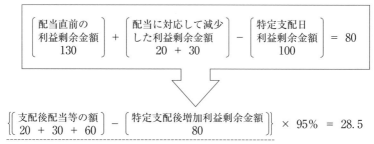

（配当直前の利益剰余金額 130）＋（配当に対応して減少した利益剰余金額 20 ＋ 30）－（特定支配日利益剰余金額 100）＝ 80

↓

｛（支配後配当等の額 20 ＋ 30 ＋ 60）－（特定支配後増加利益剰余金額 80）｝× 95% ＝ 28.5

特定支配後増加利益剰余金額超過額

となる。

（財務省（2020）486頁）

⑵　特定支配日の属する事業年度開始の日以後に他の法人の株主等が当該他の法人から受けた配当等の額があるケース

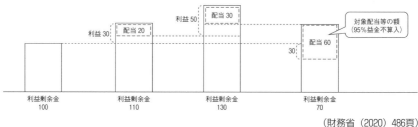

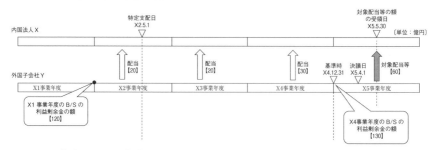

（注）　配当【20】及び配当【30】に対応して減少した利益剰余金額は、それぞれ20及び30であるものとする。なお、内国法人Ｘが対象配当等の額を受ける前に外国子会社Ｙから受けた配当等の額のうち法令119の３⑦の規定の適用に係る金額はないものとする。

（財務省（2020）486頁を一部加工）

　上記の例において、外国子会社Yの株式等の帳簿価額から減額する金額は、原則計算による場合は、

　　対象配当等の額　60 × 95% ＝ 57

となるが、法令119の3⑧の特例計算による場合は、

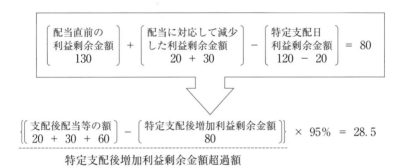

となる。

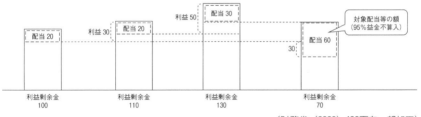

（財務省（2020）486頁を一部加工）

Q&A

Q1

> 子会社が外国法人に該当する場合は、法令119の3⑧の計算に際して、我が国の会計基準に従って、その外国法人の利益剰余金の額を再計算することになりますか。

Answer

> そのような再計算をする必要はなく、その外国法人の所在地国の会計基準に基づいた利益剰余金の額を用いることになると考えられます。

《解 説》

法令119の3⑧の規定の計算の基礎となる利益の累積額については、他の法人が外国法人であり、その貸借対照表等が所在地国の現地法令に基づいて作成されている場合においても、その貸借対照表上の我が国における利益剰余金の額に相当する金額を用いて差し支えありません。

《参 考》

財務省（2020）484頁

趣旨説明（2021）21頁

Q2

> 下記の例で、法令119の3⑧の適用を受ける場合に、特定支配後増加利益剰余金額超過額に達するまでの金額に「配当①」と「配当②」のいずれの金額から優先して充てることとなりますか。
>
> 　1　対象配当等の額（配当①）　　　　200（完全子法人株式等）
> 　　　うち益金不算入額　　　　　　　200（全額）

2　同一事業年度内配当等の額（配当②）　200（関連法人株式等）

　　うち益金不算入額　　　　　　　　　192（200－負債利子等の額 8 ）

3　特定支配後増加利益剰余金額超過額　300

Answer

　「配当①→配当②」の順に充てるか、「配当②→配当①」の順に充てるか
は、法人の選択によります。

《解　説》

　「配当①→配当②」の順に充てる場合には、帳簿価額から減算する金額は296
（200＋192×100/200）となるのに対して、「配当②→配当①」の順に充てる場合
には、帳簿価額から減算する金額は292（192＋200×100/200）となり、帳簿価
額から減算する金額が異なることとなりますが、いずれの計算によっても差し
支えありません（法通 2 - 3 -22の 8 ）。

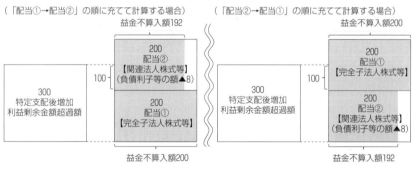

（趣旨説明（2021）24頁を一部加工）

《参　考》

趣旨説明（2021）24頁

法令119の3 ⑨

用語の意義

本セクションの構成

1 解 説
2 用語の意義
3 関係法令等
Q&A

法令119の3	移動平均法を適用する有価証券について評価換え等があった場合の１単位当たりの帳簿価額の算出の特例

9　前２項において、次の各号に掲げる用語の意義は、当該各号に定めるところによる。

一　決議日等

次に掲げるものの区分に応じそれぞれ次に定める日をいう。

イ　剰余金の配当若しくは利益の配当若しくは剰余金の分配、投資信託及び投資法人に関する法律第137条（金銭の分配）の金銭の分配又は資産の流動化に関する法律第115条第１項（中間配当）に規定する金銭の分配（以下こ

の号において「剰余金の配当等」という。）で当該剰余金の配当等に係る決議
の日又は決定の日があるもの

　　　これらの日

　ロ　剰余金の配当等で当該剰余金の配当等に係る決議の日又は決定の日がな
いもの

　　　当該剰余金の配当等がその効力を生ずる日（その効力を生ずる日の定めが
ない場合には、当該剰余金の配当等がされる日）

　ハ　法第24条第1項各号に掲げる事由が生じたことに基因する金銭その他の
資産の交付（剰余金の配当等に該当するものを除く。）

　　　当該事由が生じた日

二　特定支配関係

　　法第2条第12号の7の5（定義）中「の発行済株式」とあるのを「の発行
済株式若しくは剰余金の配当、利益の配当若しくは剰余金の分配に関する決
議、第24条第1項各号に掲げる事由に関する決議若しくは役員の選任に関す
る決議に係る議決権（以下この号において「配当等議決権」という。）」と、「自
己の株式」とあるのを「自己の株式若しくは配当等議決権」と、「金額の株式」
とあるのを「金額の株式若しくは配当等議決権」と、第4条の2第1項
（支配関係及び完全支配関係）中「、その」とあるのを「その」と、「個人）」
とあるのを「個人とし、その者が法人である場合にはその者並びにその役員
及びこれと同項に規定する特殊の関係のある個人とする。）」と、「株式又は」
とあるのを「株式若しくは同号に規定する配当等議決権又は」と読み替えた
場合における支配関係をいう。

三　基準時

　　次に掲げるものの区分に応じそれぞれ次に定める時をいう。

　イ　第22条第2項第2号イ（関連法人株式等の範囲）に掲げる剰余金の配当
又は同号ロに掲げる剰余金の配当等

　　　それぞれ同号イ又はロに定める日が経過した時

　ロ　第22条第2項第2号ハに掲げる剰余金の配当等

　　　当該剰余金の配当等がその効力を生ずる時（その効力を生ずる時の定めが
ない場合には、当該剰余金の配当等がされる時）

　ハ　第22条第2項第2号ニに掲げるもの

　　　法第24条第1項各号に掲げる事由が生じた時

Point

① 決議日等

　イ　配当決議日のある配当等…配当決議日

　ロ　配当決議日のない配当等…配当等の効力発生日又は配当等がされる日

　ハ　みなし配当（剰余金の配当等に該当するものを除く）…みなし配当事由が生じた日

② 特定支配関係

　イ　当事者間の支配の関係

　　一の者（特殊関係者を含む）が法人の株式等（配当議決権、役員選任議決権を含む）の50%超を保有する場合における当該一の者と法人との間の関係《親子関係》

　　（注）　この関係は、同様の関係にある孫以下に連鎖する。

　ロ　一の者との間に当事者間の支配の関係がある法人相互の関係《兄弟関係》

③ 基準時

　イ　基準日のある配当等…基準日が経過した時

　ロ　基準日に準ずる日のある配当等…基準日に準ずる日が経過した時

　ハ　基準日又は基準日に準ずる日のない配当等…配当等の効力発生時又は配当等がされる時

　ニ　みなし配当（剰余金の配当等に該当するものを除く）…みなし配当事由が生じた時

1 解 説

(1) 決議日等

　「決議日等」とは、次に掲げるものの区分に応じ、それぞれ次に定める日を

いう。

　イ　**剰余金の配当等**で当該剰余金の配当等に係る決議の日又は決定の日があ
　　るもの

　　　これらの日

　ロ　剰余金の配当等で当該剰余金の配当等に係る決議の日又は決定の日がな
　　いもの

　⑷　その効力を生ずる日の定めがある場合

　　　当該剰余金の配当等がその効力を生ずる日

　㈹　その効力を生ずる日の定めがない場合

　　　当該剰余金の配当等がされる日

　ハ　みなし配当事由が生じたことに基因する金銭その他の資産の交付（剰余
　　金の配当等に該当するものを除く）

　　　当該事由が生じた日

(2)　特定支配関係

　「特定支配関係」とは、法令119の3⑨二の規定により読み替えられた法法2
十二の七の五及び法令4の2①の規定する「支配関係」をいい、具体的には、
次に掲げる関係をいう。通常の支配関係とは異なり、配当議決権や役員選任議
決権の発行済株式等の総数に占める割合が50％を超える場合等が要件に追加さ
れている[1]。

　イ　当事者間の支配の関係

　　　一の者（その者が個人である場合にはその者及びこれと法令4①に規定する
　　特殊の関係のある個人とし、その者が法人である場合にはその者並びにその役
　　員及びこれと法令4①に規定する特殊の関係のある個人とする）が法人の**発行
　　済株式等**の総数又は総額の50％を超える数又は金額の株式若しくは配当等
　　議決権又は出資を保有する場合における当該一の者と法人との間の関係

1）財務省（2020）476頁

（以下、イにおいて「**直接支配関係**」という）をいう。

　この場合において、当該一の者及びこれとの間に直接支配関係がある一若しくは二以上の法人又は当該一の者との間に直接支配関係がある一若しくは二以上の法人が他の法人の発行済株式等の総数又は総額の50％を超える数又は金額の株式若しくは配当等議決権又は出資を保有するときは、当該一の者は当該他の法人の発行済株式等の総数又は総額の50％を超える数又は金額の株式若しくは配当等議決権又は出資を保有するものとみなされる。

ロ　一の者との間に当事者間の支配の関係がある法人相互の関係

　（注）　法令119の3⑨二による読替え後の法法2十二の七の五及び法令4の2①は、次のとおりである。

> **法人税法**
> 　（定義）
> 第2条
> 　この法律において、次の各号に掲げる用語の意義は、当該各号に定めるところによる。
> 　十二の七の五　支配関係
> 　　一の者が法人の発行済株式若しくは剰余金の配当、利益の配当若しくは剰余金の分配に関する決議、第24条第1項各号に掲げる事由に関する決議若しくは役員の選任に関する決議に係る議決権（以下この号において「配当等議決権」という。）若しくは出資（当該法人が有する自己の株式若しくは配当等議決権又は出資を除く。以下この条において「発行済株式等」という。）の総数若しくは総額の100分の50を超える数若しくは金額の株式若しくは配当等議決権若しくは出資を直接若しくは間接に保有する関係として政令で定める関係（以下この号において「当事者間の支配の関係」という。）又は一の者との間に当事者間の支配の関係がある法人相互の関係をいう。

法人税法施行令
　（支配関係及び完全支配関係）
　第4条の2
　1　法第2条第12号の7の5（定義）に規定する政令で定める関係は、
　　一の者（その者が個人である場合にはその者及びこれと前条第1項に規
　　定する特殊の関係のある個人とし、その者が法人である場合にはその者
　　並びにその役員及びこれと同項に規定する特殊の関係のある個人とす
　　る。）が法人の発行済株式等（同号に規定する発行済株式等をいう。以
　　下この条において同じ。）の総数又は総額の100分の50を超える数又
　　は金額の株式若しくは同号に規定する配当等議決権又は出資を保有
　　する場合における当該一の者と法人との間の関係（以下この項にお
　　いて「直接支配関係」という。）とする。この場合において、当該一
　　の者及びこれとの間に直接支配関係がある一若しくは二以上の法人
　　又は当該一の者との間に直接支配関係がある一若しくは二以上の法
　　人が他の法人の発行済株式等の総数又は総額の100分の50を超える
　　数又は金額の株式若しくは同号に規定する配当等議決権又は出資を
　　保有するときは、当該一の者は当該他の法人の発行済株式等の総数
　　又は総額の100分の50を超える数又は金額の株式若しくは同号に規
　　定する配当等議決権又は出資を保有するものとみなす。

(3)　基準時

「基準時」とは、次に掲げるものの区分に応じ、それぞれ次に定める時をいう。

　イ　株式会社がする剰余金の配当で当該剰余金の配当を受ける者を定めるための**基準日**[2]の定めがあるもの（法令22②二イ）
　　当該基準日が経過した時
　ロ　株式会社以外の法人がする剰余金の配当等で当該剰余金の配当等を受ける者を定めるための基準日に準ずる日の定めがあるもの（法令22②二ロ）

2）会社法124①

　　　当該基準日に準ずる日が経過した時

　ハ　剰余金の配当等で当該剰余金の配当等を受ける者を定めるための基準日
　　又は基準日に準ずる日の定めがないもの（法令22②二ハ）

　　㈤　その効力を生ずる時の定めがある場合

　　　　当該剰余金の配当等がその効力を生ずる時

　　㈹　その効力を生ずる時の定めがない場合

　　　　当該剰余金の配当等がされる時

　ニ　みなし配当事由が生じたことに基因する金銭その他の資産の交付（その
　　交付により利益積立金額が減少するものに限るものとし、剰余金の配当等に該
　　当するものを除く）（法令22②二ニ）

　　　当該事由が生じた時

　　（注）「基準日」については、外国子会社配当益金不算入制度の導入時に、次
　　　　のような取扱いが明らかにされている。

外国子会社配当益金不算入制度に関するQ&A
（特定外国子会社等から受ける配当等に係る適用関係）
問1
　　…
　　平成21年改正前の外国子会社合算税制において、特定外国子会社等
　が支払う配当等の額は、その配当等の支払に係る基準日の属する事業
　年度の適用対象留保金額の計算上、未処分所得の金額から控除する（旧
　措令39の16①二）とされていたことからすれば、配当免税制度の適用
　関係に関して、特定外国子会社等から受ける配当等の額が、その特定
　外国子会社等のいつの事業年度に係るものであるかについても、基本
　的にはこれと同様の考え方により、特定外国子会社等の配当等の支払
　に係る基準日の属する事業年度に係るものと解するのが相当です。
　　…
　　（注1）　我が国において「基準日」とは、法律（会社法）に基づき株式
　　　　　会社が定める一定の日であって、その日において株主名簿に記載
　　　　　され、又は記録されている株主（基準日株主）に対して議決権行
　　　　　使、配当請求等の権利を認めることになる日とされています（会

社法124)。一般に、期末配当の基準日は事業年度の末日とされて
いることを踏まえれば、外国法人である特定外国子会社等から受
ける配当等の支払に係る基準日についても、一義的には、その配
当等の支払日の直前の事業年度の末日であるとして取り扱うのが
適当です。ただし、適法な手続によって基準日を事業年度の末日
以外の日と定めている場合には、その定めた日によることとなり
ます。

　しかし、諸外国の制度は様々であり、特定外国子会社等の所在
地国等において、我が国の基準日と同様の概念がない場合もある
と考えられますので、このような場合において、仮にその特定外
国子会社等の株主の配当請求権が、その配当等の支払確定日(配
当決議日)や配当支払日において確定すると認められるときには、
その日が基準日に相当する日であるとして取り扱って差し支えあ
りません。

(注2)　…

2 用語の意義

用　語	意　義
剰余金の配当等	❶剰余金の配当若しくは利益の配当若しくは剰余金の分配、❷投資信託法137《金銭の分配》の金銭の分配又は❸資産流動化法115《中間配当》①に規定する金銭の分配
発行済株式等	発行済株式若しくは**配当等議決権**又は出資(当該法人が有する自己の株式若しくは配当等議決権又は出資を除く)
配当等議決権	❶剰余金の配当、利益の配当若しくは剰余金の分配に関する決議、❷みなし配当事由に関する決議又は❸役員の選任に関する決議に係る議決権

3　関係法令等

法人税法施行令
　（同族関係者の範囲）
第４条
1　法第２条第10号（同族会社の意義）に規定する政令で定める特殊の関係のある個人は、次に掲げる者とする。
　一　株主等の親族
　二　株主等と婚姻の届出をしていないが事実上婚姻関係と同様の事情にある者
　三　株主等（個人である株主等に限る。次号において同じ。）の使用人
　四　前３号に掲げる者以外の者で株主等から受ける金銭その他の資産によって生計を維持しているもの
　五　前３号に掲げる者と生計を一にするこれらの者の親族

会社法
　（基準日）
第124条
1　株式会社は、一定の日（以下この章において「基準日」という。）を定めて、基準日において株主名簿に記載され、又は記録されている株主（以下この条において「基準日株主」という。）をその権利を行使することができる者と定めることができる。
2　基準日を定める場合には、株式会社は、基準日株主が行使することができる権利（基準日から３箇月以内に行使するものに限る。）の内容を定めなければならない。
3　株式会社は、基準日を定めたときは、当該基準日の２週間前までに、当該基準日及び前項の規定により定めた事項を公告しなければならない。ただし、定款に当該基準日及び当該事項について定めがあるときは、この限りでない。
4　基準日株主が行使することができる権利が株主総会又は種類株主総会における議決権である場合には、株式会社は、当該基準日後に株式を取得した者の全部又は一部を当該権利を行使することができる者と定めることができる。ただし、当該株式の基準日株主の権利を害することができない。

5　第1項から第3項までの規定は、第149条第1項に規定する登録株式質権者について準用する。

投資信託及び投資法人に関する法律
（金銭の分配）
第137条

1　投資法人は、その投資主に対し、第131条第2項の承認を受けた金銭の分配に係る計算書に基づき、利益を超えて金銭の分配をすることができる。ただし、貸借対照表上の純資産額から基準純資産額を控除して得た額を超えることはできない。

2　金銭の分配に係る計算書は、規約で定めた金銭の分配の方針に従って作成されなければならない。

3　第1項本文の場合においては、内閣府令で定めるところにより、当該利益を超えて投資主に分配された金額を、出資総額又は第135条の出資剰余金の額から控除しなければならない。

4　金銭の分配は、投資主の有する投資口の口数に応じてしなければならない。

5　会社法第457条の規定は、投資法人の金銭の分配について準用する。この場合において、同条第1項中「配当財産（第455条第2項の規定により支払う金銭及び前条の規定により支払う金銭を含む。以下この条において同じ。）」とあるのは「投資法人法第137条第1項の規定により分配をする金銭」と、同条第2項及び第3項中「配当財産」とあるのは「金銭」と読み替えるものとするほか、必要な技術的読替えは、政令で定める。

資産の流動化に関する法律
（中間配当）
第115条

1　事業年度を1年とする特定目的会社については、1事業年度の途中において1回に限り事業年度中の一定の日を定めその日における社員（当該特定目的会社を除く。）に対し取締役の決定（取締役が数人あるときは、その過半数をもってする決定）により金銭の分配（以下この款において「中間配当」という。）をする

ことができる旨を定款で定めることができる。

2　前項の決定は、同項の一定の日から3箇月以内にしなければならない。

3　中間配当は、第1号に掲げる額から第2号から第5号までに掲げる額の合計額を減じて得た額を限度としてすることができる。

　一　最終事業年度の末日における資産の額

　二　最終事業年度の末日における負債の額

　三　最終事業年度の末日における資本金の額

　四　最終事業年度に関する定時社員総会において利益から配当し、又は支払うものと定めた金額

　五　前3号に掲げるもののほか、内閣府令で定める額

4　取締役は、特定目的会社の事業年度の末日において前条第1項第2号から第4号までに掲げる額の合計額が同項第1号に掲げる額を超えるおそれがあると認めるときは、当該事業年度において中間配当を決定してはならない。

5　中間配当は、これを利益の配当とみなして、第32条第4項（第2号に係る部分に限る。）、第45条第4項において準用する会社法第151条第1項（第8号に係る部分に限る。）及び前条第2項の規定を適用する。

Q&A

Q1

次図において、❶X社とA社の関係、❷X社とB社の関係、❸X社とC社の関係、❹X社とD社の関係及び❺X社とE社の関係は、それぞれ特定支配関係となりますか。

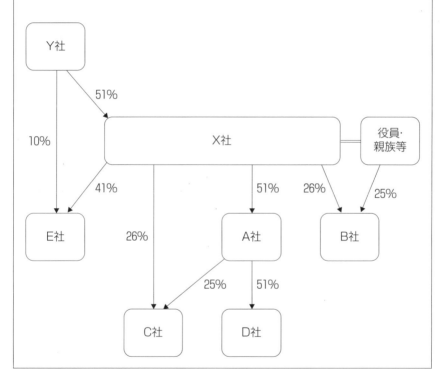

Answer

いずれも特定支配関係となります。

《解 説》

　❶X社とA社の関係及び❷X社とB社の関係は、「直接支配関係」、❸X社

とC社の関係及び❹X社とD社の関係は、「みなし直接支配関係」、❺X社と
E社の関係は、「一の者との間に当事者間の支配関係がある法人相互の関係」
となります。

《参　考》

財務省（2020）477頁

Q2

　株式会社がする剰余金の配当で当該剰余金の配当を受ける者を定めるた
めの基準日が×1年12月30日と定められている場合、「基準時」及び「基
準時の直前」は、いつになりますか。

Answer

　「基準時」は、基準日（×1年12月30日）が経過した時である×1年12月
31日午前0時となり、「基準時の直前」は、×1年12月30日23時59分59秒
9999…となるものと考えられます。

《参　考》

髙橋（2020）9頁

法令119の3 ⑩

適格組織再編成があった場合の取扱い

本セクションの構成

1　解　説

| 法令119の3 | 移動平均法を適用する有価証券について評価換え等があった場合の１単位当たりの帳簿価額の算出の特例 |

10　第７項の内国法人が適格合併、適格分割又は適格現物出資（以下この項において「適格合併等」という。）により当該適格合併等に係る被合併法人、分割法人又は現物出資法人（以下この項において「被合併法人等」という。）から第７項に規定する他の法人の株式等の移転を受けた場合において、当該適格合併等の直前に当該被合併法人等と当該他の法人との間に特定支配関係（前項第２号に規定する特定支配関係をいう。以下この項及び次項において同じ。）があり、かつ、当該適格合併等の直後に当該内国法人と当該他の法人との間に特定支配関係があるとき（当該適格合併等の直前に当該内国法人と当該他の法人との間に特定支配関係があった場合において、その特定支配日が当該被合併法人等が当該他の法人との

間に最後に特定支配関係を有することとなった日以前であるときを除く。）における第7項及び第8項の規定の適用については、当該被合併法人等が当該他の法人との間に最後に特定支配関係を有することとなった日を特定支配日とみなす。

Point

　内国法人が適格合併等により被合併法人等から子会社株式の移転を受けた場合において、適格合併等の直前に被合併法人等と子会社との間に特定支配関係があり、かつ、適格合併等の直後に内国法人と子会社との間に特定支配関係があるときは、被合併法人等が子会社との間に最後に特定支配関係を有することとなった日を特定支配日とみなす。

1　解説

　内国法人が適格合併、適格分割又は適格現物出資（以下「**適格合併等**」という）により当該適格合併等に係る被合併法人、分割法人又は現物出資法人（以下「**被合併法人等**」という）から他の法人の**株式等**[1]の移転を受けた場合において、当該適格合併等の直前に当該被合併法人等と当該他の法人との間に**特定支配関係**[2]があり、かつ、当該適格合併等の直後に当該内国法人と当該他の法人との間に特定支配関係があるとき（注）は、当該被合併法人等が当該他の法人との間に最後に特定支配関係を有することとなった日を特定支配日とみなすこととされている。

　　（注）　当該適格合併等の直前に当該内国法人と当該他の法人との間に特定支配関係があった場合において、その**特定支配日**[3]が当該被合併法人等が当該他の法人との間に最後に特定支配関係を有することとなった日以前であるときを除く。

1）法令119の3⑦柱書
2）法令119の3⑨二
3）法令119の3⑦一

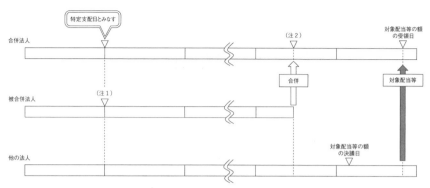

（注１）　被合併法人が他の法人との間に最後に特定支配関係を有することとなった日であり、その後、合併の直前まで、当該被合併法人と当該他の法人との間に特定支配関係があるものとする。

（注２）　合併の直後に内国法人と他の法人との間に特定支配関係があるものとする。

（財務省（2020）489頁を参考に作成）

法令119の3 ⑪一

適用回避防止規定①

（合併・分割型分割を用いたスキームへの対応）

本セクションの構成

---

1 解 説

2 用語の意義

3 趣 旨

4 通 達

別 表

計算例

法令119の3	移動平均法を適用する有価証券について評価換え等があった場合の１単位当たりの帳簿価額の算出の特例

11 第７項に規定する他の法人が次の各号に掲げる法人に該当する場合には、同項の内国法人が当該他の法人から受ける配当等の額に係る同項及び第８項の規

定の適用については、当該各号に定めるところによる。

一　関係法人（第7項の内国法人との間に特定支配関係がある法人をいう。以下この項及び次項において同じ。）を被合併法人又は分割法人とする合併又は分割型分割（特定支配日と対象配当等の額を受ける日の10年前の日とのうちいずれか遅い日以後に行われたものに限る。）に係る合併法人又は分割承継法人

　　　当該関係法人（普通法人に限るものとし、外国法人を除く。）の設立の時から当該内国法人が当該関係法人との間に最後に特定支配関係を有することとなった日までの期間を通じて内国株主割合（その関係法人の発行済株式又は出資（自己が有する自己の株式又は出資を除く。）の総数又は総額のうちに占める普通法人（外国法人を除く。）若しくは協同組合等又は所得税法第2条第1項第3号に規定する居住者が有するその関係法人の株式又は出資の数又は金額の割合をいう。以下この号及び次号において同じ。）が100分の90以上である場合（当該期間を通じて当該内国株主割合が100分の90以上であることを証する書類を当該内国法人が保存していない場合を除く。）又は同日から当該対象配当等の額を受ける日までの期間が10年を超える場合のいずれかに該当する場合を除き、次に定めるところによる。

イ　当該合併又は分割型分割が法第61条の2第2項に規定する金銭等不交付合併又は同条第4項に規定する金銭等不交付分割型分割に該当する場合には、第7項第1号及び第3号に掲げる要件に該当しないものとする。

ロ　当該合併又は分割型分割が当該他の法人の当該対象配当等の額に係る決議日等（第9項第1号に規定する決議日等をいう。次号ロ及び次項において同じ。）の属する事業年度開始の日前に行われたものである場合には、当該内国法人が当該関係法人との間に最後に特定支配関係を有することとなった日前に最後に終了した当該関係法人の事業年度（同日の属する事業年度が当該関係法人の設立の日の属する事業年度である場合には、その設立の時）の貸借対照表に計上されている利益剰余金の額（当該最後に特定支配関係を有することとなった日の属する当該関係法人の事業年度開始の日以後に当該関係法人の株主等が当該関係法人から受けた配当等の額がある場合において、当該配当等の額に係る基準時（第9項第3号に規定する基準時をいう。次号及び第13項において同じ。）が当該最後に特定支配関係を有することとなった日前であるときは、当該配当等の額に対応して減少した当該関係法人の利益剰余金の額の合計額を減算した金額。ロにおいて「関係法人支配関係発生日利益剰余金額」という。）のうち当該合併により当該関係法人から当該他の法人に引き

継がれた利益剰余金の額に達するまでの金額（当該分割型分割にあっては、関係法人支配関係発生日利益剰余金額のうち当該分割型分割の直前の当該関係法人の利益剰余金の額に達するまでの金額に当該分割型分割により当該関係法人から当該他の法人に引き継がれた利益剰余金の額が当該分割型分割の直前の当該関係法人の利益剰余金の額のうちに占める割合を乗じて計算した金額）を、第7項第2号ハに掲げる金額に加算する。

　ハ　イ及び次号イの規定を適用しないものとしたならば第7項第1号又は第3号に掲げる要件に該当する場合には、ロ及び次号ロの規定を適用しない場合の同項第2号ハに掲げる金額は零とし、当該合併又は分割型分割の日を第8項の特定支配日とみなす。

Point

　他の法人が、内国法人との間に特定支配関係がある法人を被合併法人とする合併に係る合併法人に該当する場合には、次による。ただし、被合併法人が内国株主割合要件又は10年超支配要件のいずれかを満たす場合には、この限りでない。なお、分割型分割も同様の扱いである。

①　合併が金銭等不交付合併である場合には、合併法人は内国株主割合要件及び10年超支配要件を満たさないこととする。

②　合併が合併法人の対象配当等の額に係る決議日等の属する事業年度開始の日前に行われたものである場合には、被合併法人の特定支配日の利益剰余金の額のうち、その合併により合併法人に引き継がれた利益剰余金の額に達するまでの金額を、合併法人の特定支配前に獲得した利益剰余金の額に加算する（すなわち、特定支配後に稼得した利益剰余金の額として扱わない）。

③　合併法人が内国株主割合要件又は10年超支配要件のいずれかを満たす場合には、上記②における「合併法人の特定支配前に獲得した利益剰余金の額」はゼロとし、法令119の3⑧の特例計算の適用に際し、その合併の日を特定支配日とみなす[1]。

1　解説

(1)　原則

　他の法人が、**関係法人**を被合併法人又は分割法人とする合併又は分割型分割 (注)に係る合併法人又は分割承継法人に該当する場合には、次によることとされている。

> （注）　**特定支配日**[2]と**対象配当等の額**[3]を受ける日の10年前の日とのうちいずれか遅い日以後に行われたものに限る。

▷適用回避防止規定①-1

　合併又は分割型分割が**金銭等不交付合併**又は**金銭等不交付分割型分割**に該当する場合には、他の法人（合併法人又は分割承継法人）は、**内国株主割合要件**[4]及び**10年超支配要件**[5]に該当しないものとする。

1）財務省（2020）489頁
2）法令119の3 ⑦一
3）法令119の3 ⑦柱書
4）法令119の3 ⑦一
5）法令119の3 ⑦三

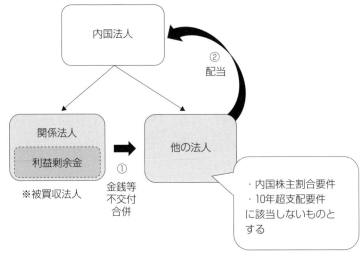

（財務省（2020）489頁を参考に作成）

▷適用回避防止規定①－２

　合併又は分割型分割が他の法人（合併法人又は分割承継法人）の対象配当等の額に係る**決議日等**[6]の属する事業年度開始の日前に行われたものである場合には、**関係法人支配関係発生日利益剰余金額**のうち、当該合併により関係法人（被合併法人又は分割法人）から当該他の法人に引き継がれた利益剰余金の額に達するまでの金額（注）を、当該他の法人の法令119の３⑦二ハに掲げる金額（特定支配日の利益剰余金の額）に加算する。

> （注）　分割型分割にあっては、関係法人支配関係発生日利益剰余金額のうち当該分割型分割の直前の当該関係法人の利益剰余金の額に達するまでの金額に当該分割型分割により当該関係法人から当該他の法人に引き継がれた利益剰余金の額が当該分割型分割の直前の当該関係法人の利益剰余金の額のうちに占める割合を乗じて計算した金額
> 《算式》

6）法令119の３⑨一

$$\text{関係法人支配関係発生日利益剰余金額のうち分割型分割の直前の関係法人の利益剰余金の額に達するまでの金額} \times \frac{\text{分割型分割により関係法人から他の法人に引き継がれた利益剰余金の額}}{\text{分割型分割の直前の関係法人の利益剰余金の額}}$$

▷適用回避防止規定①-3

　法令119の3⑪一イ及び法令119の3⑪二イの規定を適用しないものとしたならば他の法人（合併法人又は分割承継法人）が内国株主割合要件又は10年超支配要件に該当する場合には、❶法令119の3⑪一ロ及び法令119の3⑪二ロの規定を適用しない場合の法令119の3⑦二ハに掲げる金額（特定支配日の利益剰余金の額）は零とし、❷法令119の3⑧の特例計算の適用に際し、当該合併又は分割型分割の日を特定支配日とみなす。

(2)　例　外

　❶関係法人（被合併法人又は分割法人）（内国普通法人に限る）の設立の時から内国法人が当該関係法人との間に最後に**特定支配関係**[7]を有することとなった日までの期間を通じて**内国株主割合**が90％である場合（注）又は❷同日から対象配当等の額を受ける日までの期間が10年を超える場合のいずれかに該当する場合には、上記(1)の適用回避防止規定は適用されない。

　　（注）　当該期間を通じて当該内国株主割合が90％以上であることを証する書類を当該内国法人が保存していない場合を除く。

2　用語の意義

用　語	意　義
関係法人	内国法人との間に特定支配関係がある法人

---

7 ）法令119の3⑨二

金銭等不交付合併 （法法61の2②）	被合併法人の株主等に❶合併法人又は❷合併法人との間に当該合併法人の発行済株式等の全部を直接若しくは間接に保有する一定の関係がある法人のうちいずれか一の法人の株式以外の資産（注）が交付されなかった合併 （注）　当該株主等に対する剰余金の配当等として交付された金銭その他の資産及び合併に反対する当該株主等に対するその買取請求に基づく対価として交付される金銭その他の資産を除く。
金銭等不交付分割型分割 （法法61の2④）	分割対価資産として❶分割承継法人又は❷分割承継法人との間に当該分割承継法人の発行済株式等の全部を直接若しくは間接に保有する一定の関係がある法人（親法人）のうちいずれか一の法人の株式以外の資産が交付されなかった分割型分割（注） （注）　当該株式が分割法人の発行済株式等の総数又は総額のうちに占める当該分割法人の各株主等の有する当該分割法人の株式の数又は金額の割合に応じて交付されたものに限る。
内国株主割合	その関係法人の発行済株式又は出資（注）の総数又は総額のうちに占める内国普通法人若しくは協同組合等又は**居住者**（所法2①三）が有するその関係法人の株式又は出資の数又は金額の割合 （注）　自己が有する自己の株式又は出資を除く。
居住者 （所法2①三）	国内に住所を有し、又は現在まで引き続いて1年以上居所を有する個人
関係法人支配関係発生日利益剰余金額	当該内国法人が当該関係法人との間に最後に特定支配関係を有することとなった日前に最後に終了した当該関係法人の事業年度（注1）の貸借対照表に計上されている利益剰余金の額（注2） （注1）　同日の属する事業年度が当該関係法人の設立の日の属する事業年度である場合には、その設立の時 （注2）　当該最後に特定支配関係を有することとなった日の属する当該関係法人の事業年度開始の日以後に当該関係法

人の株主等が当該関係法人から受けた配当等の額がある場合において、当該配当等の額に係る**基準時**[8]が当該最後に特定支配関係を有することとなった日前であるときは、当該配当等の額に対応して減少した当該関係法人の利益剰余金の額の合計額を減算した金額

3 趣旨

(1) 原則

本来であれば子会社株式簿価減額特例の適用を受けるべき法人が、グループ法人間で操作をすることにより、その適用を回避することが想定される。このような回避を防止するため、適用回避防止規定が設けられている[9]。

▷適用回避防止規定①-1

関係法人が❶内国株主割合要件、❷特定支配日利益剰余金額要件[10]、❸10年超支配要件及び❹金額要件[11]のいずれも満たすことができない場合において、その関係法人を被合併法人（分割法人）とし、❶内国株主割合要件又は❸10年超支配要件を満たす他の法人を合併法人（分割承継法人）とする合併（分割型分割）を行うことにより、子会社株式簿価減額特例の適用を回避することが想定される。このような回避を防止するため、本規定が設けられている。

なお、金銭等不交付合併以外の合併又は金銭等不交付分割型分割以外の分割型分割の場合は、合併又は分割型分割の時点で株主に譲渡損益が生ずることによりその株式に係る含み損益が税務上清算されていると考えられるため、この取扱いの適用はない[12]。

8）法令119の3⑨三
9）財務省（2020）487頁
10）法令119の3⑦二
11）法令119の3⑦四
12）財務省（2020）487頁

▷適用回避防止規定①-2

　本規定は、合併又は分割型分割により関係法人支配関係発生日利益剰余金額のうち関係法人から他の法人に引き継がれた利益剰余金の額を、当該他の法人の特定支配日以後に生じた利益剰余金の額に含めないことにより、❶特定支配日利益剰余金額要件の計算及び❷法令119の３⑧の特例計算を適切に行うことができるようにするためのものである[13]。

▷適用回避防止規定①-3

　他の法人が❶内国株主割合要件又は❷10年超支配要件のいずれかを満たす場合には、合併又は分割型分割が行われなければ、当該他の法人から受ける配当について子会社株式簿価減額特例は適用されないことから、本規定が設けられている[14]。

⑵　例　外

　関係法人が、❶内国株主割合要件又は❷10年超支配要件のいずれかを満たす場合には、当該関係法人から直接配当を受けたとしても子会社株式簿価減額特例の適用がないことから、適用回避防止規定の適用もないこととされている[15]。

4　通　達

法通２-３-22の７	他の法人等が外国法人である場合の円換算
法人が令第119条の３第７項第２号、第８項及び第11項《移動平均法を適用する有価証券について評価換え等があった場合の１単位当たりの帳簿価額の算出の特例》の規定の適用を受ける場合において、他の法人又は同項第１号に規定する関係法人が外国法人であるときにおけるこれらの規定の計算の基礎となる金額の	

---

13) 財務省（2020）488頁
14) 財務省（2020）488頁
15) 財務省（2020）487頁

円換算については、当該計算の基礎となる金額につき全て外貨建ての金額に基づき計算した金額について円換算を行う方法又は当該計算の基礎となる金額につき全て円換算後の金額に基づき計算する方法など、合理的な方法により円換算を行っている場合には、これを認める。

【解　説】

　例えば、特定支配日利益剰余金額要件又は法令119の3⑧の特例計算は、他の法人の株式等を取得した後に生じた利益からの配当等と観念されるものは子会社株式簿価減額特例の対象から除く趣旨から設けられているところ、そのような利益の獲得時点と配当等の支払い時点が異なることによる為替の影響について、その計算を行う法人の事務負担を考慮してこれを行わないこととするというのもあながち不合理であるとはいえない。

　このことから、法令119の3⑦二、法令119の3⑧及び法令119の3⑪の各規定の計算の基礎となる配当等の額又は利益剰余金の額が外貨建ての金額であるならば、全て外貨建ての金額に基づき計算した結果の金額を円換算する方法や、都度円換算した後の金額に基づき計算する方法など、法人が選択する合理的な方法によりこれらの計算を行うことができることとされている。

　なお、前者の計算に用いる為替レートについては、期末などあらかじめ定めた合理的な時点における為替レートであれば差し支えない。

　また、外国法人である他の法人の総資産の帳簿価額のうちに占める各基準時直前の関係法人の株式等の帳簿価額のうち最も大きいものの割合が50％を超えるものの判定（法令119の3⑪二）については、換算時点の為替レートが同一であれば円換算自体が判定に影響を与えるものではないが、この総資産の帳簿価額は会計上の帳簿価額であり、関係法人の株式等の帳簿価額は税務上の帳簿価額（注）であることに留意が必要である[16]。

　　（注）　他の法人が我が国の法人税法が適用されていない法人である場合には、会計上の帳簿価額を用いて差し支えない[17]。

---

16) 趣旨説明（2021）21頁
17) 趣旨説明（2021）21頁

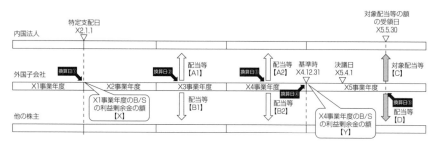

（財務省（2020）486頁、趣旨説明（2021）22頁を参考に作成）

別 表

特定支配関係のある他の法人から受ける対象配当等の額等に関する明細書		事業年度又は連結事業年度	・　・	法人名	（　　　　　　）
他　の　法　人　の　名　称	1				
本 店 又 は 主 た る 事 務 所 の 所 在 地	2				
特　　　定　　　支　　　配　　　日	3	・　・	・　・	・　・	
対　象　配　当　等　の　額	4	円	円		
対 象 配 当 等 の 額 に 係 る 基 準 時	5	・　・	・　・	・　・	
同 一 事 業 年 度 内 配 当 等 の 額 の 合 計 額	6	円	円		
(6)のうち令第119条の3第7項の規定の適用を受けなかった配当等の額の合計額	7				
(4)＋(6)	8				
(4)及び(6)に係る各基準時の直前において有する他の法人の株式又は出資の帳簿価額のうち最も大きいもの	9				
(9)×10%	10				
内国法人の株主等の持主割合 令第119条の3第7項第1号の該当の有無	11	有　・　無	有　・　無	有　・　無	
令第119条の3第7項第2号の該当の有無	12	有　・　無	有　・　無	有　・　無	
他の法人の株式又は出資の基準時の直前における帳簿価額から減算される金額	13	円	円	円	
特　定　支　配　後　増　加　利　益　剰　余　金　額　超　過　額　等　の　計　算					
支 配 後 配 当 等 の 額 の 合 計 額	14				
(14)のうち支払を受ける配当等の額の合計額	15				
他の法人の対象配当等の額に係る決議日前に最後に終了した事業年度の貸借対照表に計上されている利益剰余金の額	16				
特定支配日から対象配当等の額に係る決議日等の属する他の法人の事業年度開始の日の前日までの間に当該他の法人の株主等が受けた配当等の額に対応して減少した当該他の法人の利益剰余金額の合計額	17				
他の法人の特定支配日前に最後に終了した事業年度の貸借対照表に計上されている利益剰余金の額（当該特定支配日の属する事業年度開始の日以後に当該他の法人の株主等が受けた配当等の額がある場合には、当該配当等の額に対応して減少した利益剰余金の額を減算した金額）	18				
特 定 支 配 後 増 加 利 益 剰 余 金 額 (16)＋(17)－(18) （マイナスの場合は0）	19				
(14)－(19) （マイナスの場合は0）	20				
(20) × $\frac{(15)}{(14)}$	21				
対象配当等の額を受ける前に他の法人から受けた配当等の額のうち令第119条の3第7項の規定の適用に係る金額	22				
特 定 支 配 後 増 加 利 益 剰 余 金 額 超 過 額 (21)－(22) （マイナスの場合は0）	23				
((4)＋(7))と(23)のうちいずれか少ない金額	24	円	円	円	
(24)のうち益金不算入規定により益金の額に算入されない金額 ((13)へ記入)	25				

別表八（三）の記載について

1　「18」欄は、法令119の３⑦二ハに掲げる金額を記載する。この場合において、法令119の３⑪又は⑫（法令119の４①後段においてその例による場合を含む）の規定の適用があるときは、法令119の３⑪一ロ・二又は法令119の３⑫一の規定により加算され、又は減算される金額の計算に関する明細を別紙に記載して添付する[18]。

---

18) 記載要領 8（3）— 4

計算例

以下、次表に記載のケース(1)～(4)について計算例を示す。

	適用回避防止規定①―2 (法令119の3⑪―ロ)	適用回避防止規定①―3 (法令119の3⑪―ハ)
特定支配後利益剰余金額 要件	(1)	―
	(3)	
法令119の3⑧の特例計 算	(2)	―
	(4)	

(1)　特定支配後利益剰余金額要件につき適用回避防止規定①-2の適用がある ケース

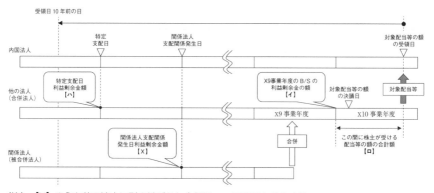

(注)　【X】のうち他の法人に引き継がれた金額は、xxであるものとする。

(財務省 (2020) 489頁を一部加工)

上記の例において、

　　【イ】－【ロ】≧【ハ】＋ xx

である場合には子会社株式簿価減額特例の対象外となる。

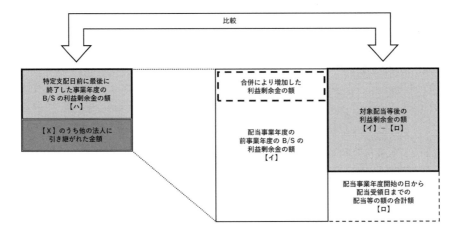

(2) 法令119の3⑧の特例計算につき適用回避防止規定①-2の適用があるケース

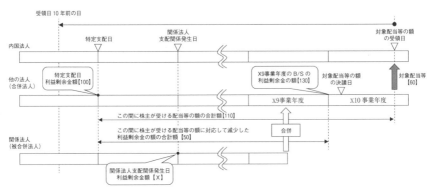

(注)　【X】のうち他の法人に引き継がれた金額は、xx であるものとする。

(財務省（2020）490頁を一部加工)

　上記の例において、外国子会社 Y の株式等の帳簿価額から減額する金額は、原則計算による場合は、

　　　対象配当等の額　60 × 95％ = 57

となる。

　法令119の3⑧の特例計算による場合は、対象配当等の額及び同一事業年度

内配当等の額（法令119の3⑦の規定の適用に係るものを除く）の合計額のうち特定支配後増加利益剰余金額超過額に達するまでの金額（益金不算入規定により益金の額に算入されない金額に限る）となる。例えば、

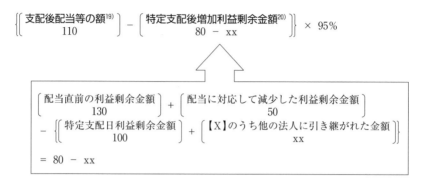

{(支配後配当等の額[19] 110) − (特定支配後増加利益剰余金額[20] 80 − xx)} × 95%

(配当直前の利益剰余金額 130) + (配当に対応して減少した利益剰余金額 50)
− {(特定支配日利益剰余金額 100) + (【X】のうち他の法人に引き継がれた金額 xx)}
= 80 − xx

となる（財務省（2020）490頁）。

⑶　特定支配後利益剰余金額要件につき適用回避防止規定①-2及び3の適用があるケース

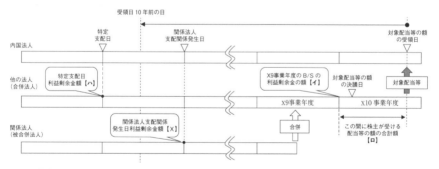

（注）【X】のうち他の法人に引き継がれた金額は、xxであるものとする。

（財務省（2020）490頁を一部加工）

上記の例において、

【イ】−【ロ】≧【ハ→ゼロ】＋ xx

19）法令119の3⑧

20）法令119の3⑧

である場合には子会社株式簿価減額特例の対象外となる。

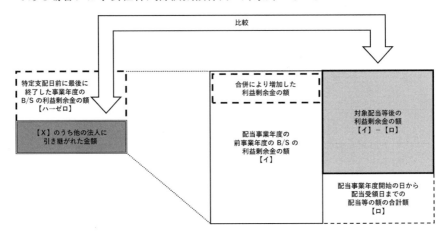

⑷　法令119の３⑧の特例計算につき適用回避防止規定①−２及び３の適用があるケース

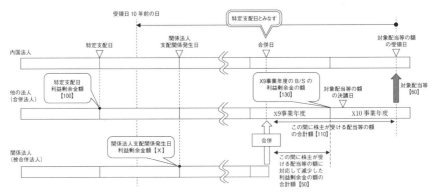

(注)　【X】のうち他の法人に引き継がれた金額は、xx であるものとする。

（財務省（2020）491頁を一部加工）

　　上記の例において、外国子会社 Y の株式等の帳簿価額から減額する金額は、原則計算による場合は、

　　　対象配当等の額　60　×　95%　=　57

となる。

　法令119の３⑧の特例計算による場合は、対象配当等の額及び同一事業年度内配当等の額（法令119の３⑦の規定の適用に係るものを除く）の合計額のうち特定支配後増加利益剰余金額超過額に達するまでの金額（益金不算入規定により益金の額に算入されない金額に限る）となる。例えば、

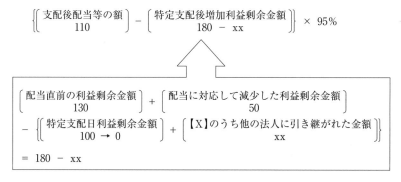

$$\left\{ \left[\begin{array}{c} \text{支配後配当等の額} \\ 110 \end{array} \right] - \left[\begin{array}{c} \text{特定支配後増加利益剰余金額} \\ 180 - \text{xx} \end{array} \right] \right\} \times 95\%$$

$$\left[\begin{array}{c} \text{配当直前の利益剰余金額} \\ 130 \end{array} \right] + \left[\begin{array}{c} \text{配当に対応して減少した利益剰余金額} \\ 50 \end{array} \right]$$

$$- \left\{ \left[\begin{array}{c} \text{特定支配日利益剰余金額} \\ 100 \to 0 \end{array} \right] + \left[\begin{array}{c} \text{【X】のうち他の法人に引き継がれた金額} \\ \text{xx} \end{array} \right] \right\}$$

$$= 180 - \text{xx}$$

となる（財務省（2020）491頁）。

法令119の3 ⑪二

適用回避防止規定②

（子会社を経由した配当を用いたスキームへの対応）

本セクションの構成

法令119の3	移動平均法を適用する有価証券について評価換え等があった場合の１単位当たりの帳簿価額の算出の特例

11　第７項に規定する他の法人が次の各号に掲げる法人に該当する場合には、同項の内国法人が当該他の法人から受ける配当等の額に係る同項及び第８項の規定の適用については、当該各号に定めるところによる。

　二　関係法人から配当等の額を受けた法人（特定支配日、当該内国法人が当該関係法人との間に最後に特定支配関係を有することとなった日又は対象配当等の額を受ける日の10年前の日のうち最も遅い日以後に当該配当等の額（当該配当等の額及び当該法人が当該配当等の額を受けた日の属する事業年度において当該関係法人から受けた他の配当等の額の合計額が2,000万円を超え、かつ、当該合計額がこれらの配当等の額に係る各基準時の直前において当該法人が有する当該関係法人の株式又は出資の帳簿価額のうち最も大きいものの100分の10に相当する金額を超える場合における配当等の額に限る。以下この号において「関係法人配当等の額」という。）を受けたもので、当該法人の当該関係法人配当等の額を受けた日の属する事業年度の前事業年度（同日の属する事業年度が当該法人の設立の日の属する事業年度である場合には、その設立の時）の貸借対照表に計上されている総資産の帳簿価額のうちに占める当該各基準時の直前において当該法人が有する当該関係法人の株式又は出資の帳簿価額のうち最も大きいものの割合が100分の50を超えるものに限る。）

　　　当該関係法人及び当該関係法人が発行済株式又は出資を直接又は間接に保有する他の関係法人（以下この号において「他の関係法人」という。）の全てがその設立の時から当該内国法人との間に最後に特定支配関係を有することとなった日までの期間を通じて内国株主割合が100分の90以上である場合（当該関係法人又は他の関係法人が外国法人である場合及び当該期間を通じて当該内国株主割合が100分の90以上であることを証する書類を当該内国法人が保存していない場合を除く。）又は同日から当該対象配当等の額を受ける日までの期間が10年を超える場合のいずれかに該当するもの（ロにおいて「除外要件該当法人」という。）である場合を除き、次に定めるところによる。

　　イ　第７項第１号及び第３号に掲げる要件に該当しないものとする。

　　ロ　当該他の法人が当該関係法人から特定支配日等（特定支配日と当該内国法人が当該関係法人又は他の関係法人（それぞれ除外要件該当法人を除く。）との間に最後に特定支配関係を有することとなった日のうち最も早い日とのうちいずれか遅い日をいう。ハにおいて同じ。）以後に配当等の額（当該他の法人

　の当該対象配当等の額に係る決議日等の属する事業年度開始の日前に受けたも
　のに限る。）を受けたことにより生じた収益の額の合計額を、第7項第2
　号ハに掲げる金額に加算する。

　ハ　イ及び前号イの規定を適用しないものとしたならば第7項第1号又は第
　　3号に掲げる要件に該当する場合には、ロ及び前号ロの規定を適用しない
　　場合の同項第2号ハに掲げる金額は零とし、当該他の法人が当該関係法人
　　から特定支配日等以後最初に配当等の額を受けた日を第8項の特定支配日
　　とみなす。

Point

　子法人（総資産簿価のうちに孫法人株式簿価の占める割合が50%超のもの）
が、孫法人から1事業年度中に受ける配当等の額（一定の日以後に受けた
ものに限る）が、孫法人株式簿価の10%超、かつ、2,000万円超である場
合には、次による。ただし、孫法人及び曾孫法人の全てが内国株主割合要
件又は10年超支配要件のいずれかを満たす場合には、この限りでない。

① 　子法人は内国株主割合要件及び10年超支配要件を満たさないことと
　する。

② 　子法人が孫法人から特定支配日等以後に受けた配当等の額を、子法
　人の「特定支配前に稼得した利益剰余金の額」に加算する（すなわち、
　「特定支配後に獲得した利益剰余金の額」として扱わない）。

③ 　子法人が内国株主割合要件又は10年超支配要件のいずれかを満たす
　場合には、上記②における子法人の「特定支配前に稼得した利益剰余
　金の額」はゼロとし、法令119の3⑧の特例計算の適用に際し、子法
　人が孫法人から特定支配日以後最初に配当等の額を受けた日を特定支
　配日とみなす[1]。

---

1) 財務省（2020）493頁

1　解　説

(1)　原　則

　他の法人が、**関係法人**[2)]から**配当等の額**[3)]を受けた法人（注）に該当する場合には、次によることとされている。

> （注）下記(1)及び(2)に該当するものに限る。
>
> (1)　❶**特定支配日**[4)]、❷当該内国法人が当該関係法人との間に最後に**特定支配関係**[5)]を有することとなった日又は❸**対象配当等の額**[6)]を受ける日の10年前の日のうち最も遅い日以後に当該配当等の額（❶当該配当等の額及び当該法人が当該配当等の額を受けた日の属する事業年度において当該関係法人から受けた他の配当等の額の合計額が2,000万円を超え、かつ、❷当該合計額がこれらの配当等の額に係る各**基準時**[7)]の直前において当該法人が有する当該関係法人の株式又は出資の帳簿価額のうち最も大きいものの10%に相当する金額を超える場合における配当等の額に限る。以下、(2)において「**関係法人配当等の額**」という）を受けたものであること
>
> (2)　当該法人の当該関係法人配当等の額を受けた日の属する事業年度の前事業年度（同日の属する事業年度が当該法人の設立の日の属する事業年度である場合には、その設立の時）の貸借対照表に計上されている総資産の帳簿価額のうちに占める当該各基準時の直前において当該法人が有する当該関係法人の株式又は出資の帳簿価額のうち最も大きいものの割合が50%を超えるものであること

▷適用回避防止規定②−1

　内国株主割合要件[8)]及び**10年超支配要件**[9)]に該当しないものとする。

2）法令119の３⑪一
3）法令119の３⑦柱書
4）法令119の３⑦一
5）法令119の３⑨二
6）法令119の３⑦柱書
7）法令119の３⑨三
8）法令119の３⑦一
9）法令119の３⑦三

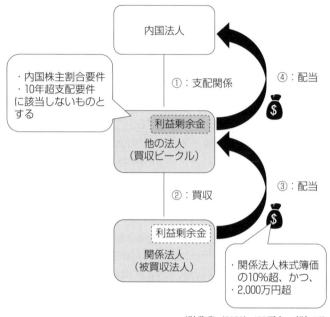

（財務省（2020）493頁を一部加工）

▷適用回避防止規定②- 2

　他の法人が関係法人から**特定支配日等**以後に配当等の額（注 1 ）を受けたことにより生じた収益の額（注 2 ）の合計額を、当該他の法人の法令119の 3 ⑦二ハに掲げる金額（特定支配日の利益剰余金の額）に加算する。

　　　（注 1 ）　当該他の法人の当該対象配当等の額に係る**決議日等**[10]の属する事業年度開始の日前に受けたものに限る。
　　　（注 2 ）　財務省ホームページ「令和 2 年度税制改正の解説」によれば、「加算すべき配当等の額は、上記のとおり『配当等の額を受けたことにより生じた収益の額』とされているため、みなし配当の額は加算の対象から除外されています」[11]と解説されている。

10）法令119の 3 ⑨一
11）財務省（2020）488頁

▷適用回避防止規定②-3

　法令119の3⑪一イ及び法令119の3⑪二イの規定を適用しないものとしたならば他の法人が内国株主割合要件又は10年超支配要件に該当する場合には、❶法令119の3⑪一ロ及び法令119の3⑪二ロの規定を適用しない場合の法令119の3⑦二ハに掲げる金額（特定支配日の利益剰余金の額）は零とし、❷法令119の3⑧の特例計算の適用に際し、当該他の法人が関係法人から特定支配日等以後最初に配当等の額を受けた日を法令119の3⑧の特定支配日とみなす。

(2) **例 外**

　関係法人及び**他の関係法人**の全てが**除外要件該当法人**である場合には、上記(1)の適用回避防止規定は適用されない。

2 用語の意義

用　語	意　義
他の関係法人	関係法人が発行済株式又は出資を直接又は間接に保有する他の関係法人
除外要件該当法人	❶その設立の時から当該内国法人との間に最後に特定支配関係を有することとなった日までの期間を通じて**内国株主割合**[12)]が90％以上である場合（注）又は❷同日から対象配当等の額を受ける日までの期間が10年を超える場合のいずれかに該当する関係法人又は他の関係法人 （注）　当該関係法人又は他の関係法人が外国法人である場合及び当該期間を通じて当該内国株主割合が90％以上であることを証する書類を当該内国法人が保存していない場合を除く。
特定支配日等	❶特定支配日と❷当該内国法人が当該関係法人又は他の関係法人（それぞれ除外要件該当法人を除く）との間に最後に特定支配関係を有することとなった日のうち最も早い日とのうちいずれか遅い日

3　趣　旨

(1)　原　則

　子会社が❶内国株主割合要件、❷特定支配日利益剰余金額要件[13]、❸10年超支配要件及び❹金額要件[14]のいずれも満たすことができない場合に、親会社がその子会社との資本関係の間に上記❶から❹までのいずれかの要件を満たす他の法人を組み入れることにより、子会社株式簿価減額特例の適用を回避することに対応するため、本規定が設けられている。

　子会社株式簿価減額特例の趣旨からすると、孫会社以下の層の法人について当該内国法人による特定支配前の利益剰余金の額を管理し、その特定支配後の利益剰余金の額を原資とする配当等の額であると認められる場合には適用回避防止規定の対象外とするべきとも考えられるが、相当な企業側の事務の負担を伴うことが想定されるため、本規定が適用される場面について、その資産の総額の過半が関係法人株式であるような法人が一定の規模の配当を受けたケースに限定することとされている[15]。

(2)　例　外

　孫会社以下の層の法人の全てが❶内国株主割合要件又は❷10年超支配要件のいずれかを満たす場合には、これらの法人から直接配当を受けたとしても子会社株式簿価減額特例の適用はないことから、適用回避防止規定の適用もないこととされている[16]。

---

12)　法令119の3⑪一
13)　法令119の3⑦二
14)　法令119の3⑦四
15)　財務省（2020）492頁
16)　財務省（2020）492頁

4 通 達

法通２－３－22の７	他の法人等が外国法人である場合の円換算
法人が令第119条の３第７項第２号、第８項及び第11項《移動平均法を適用する有価証券について評価換え等があった場合の１単位当たりの帳簿価額の算出の特例》の規定の適用を受ける場合において、他の法人又は同項第１号に規定する関係法人が外国法人であるときにおけるこれらの規定の計算の基礎となる金額の円換算については、当該計算の基礎となる金額につき全て外貨建ての金額に基づき計算した金額について円換算を行う方法又は当該計算の基礎となる金額につき全て円換算後の金額に基づき計算する方法など、合理的な方法により円換算を行っている場合には、これを認める。	

【解 説】

例えば、特定支配日利益剰余金額要件又は法令119の３⑧の特例計算は、他の法人の株式等を取得した後に生じた利益からの配当等と観念されるものは子会社株式簿価減額特例の対象から除く趣旨から設けられているところ、そのような利益の獲得時点と配当等の支払時点が異なることによる為替の影響について、その計算を行う法人の事務負担を考慮してこれを行わないこととするというのもあながち不合理であるとはいえない。

このことから、法令119の３⑦二、法令119の３⑧及び法令119の３⑪の各規定の計算の基礎となる配当等の額又は利益剰余金の額が外貨建ての金額であるならば、全て外貨建ての金額に基づき計算した結果の金額を円換算する方法や、都度円換算した後の金額に基づき計算する方法など、法人が選択する合理的な方法によりこれらの計算を行うことができることとされている。

なお、前者の計算に用いる為替レートについては、期末などあらかじめ定めた合理的な時点における為替レートであれば差し支えない。

また、外国法人である他の法人の総資産の帳簿価額のうちに占める各基準時直前の関係法人の株式等の帳簿価額のうち最も大きいものの割合が50％を超えるものの判定（法令119の３⑪二）については、換算時点の為替レートが同一で

あれば円換算自体が判定に影響を与えるものではないが、この総資産の帳簿価額は会計上の帳簿価額であり、関係法人の株式等の帳簿価額は税務上の帳簿価額（注）であることに留意が必要である[17]。

> （注） 他の法人が我が国の法人税法が適用されていない法人である場合には、会計上の帳簿価額を用いて差し支えない[18]。

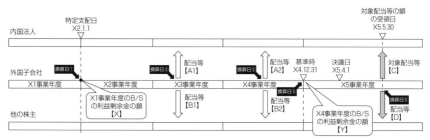

（財務省（2020）486頁、趣旨説明（2021）22頁を参考に作成）

---

17) 趣旨説明（2021）21頁
18) 趣旨説明（2021）21頁

━━━ 令和4年度税制改正大綱 ━━━

　適用回避防止規定②（子会社を経由した配当を用いたスキームへの対応）については、「新規設立時より関係法人（孫法人）及び他の関係法人（曾孫法人以下）と特定支配関係がある場合においても、内国株主割合要件または10年超支配要件を満たす場合を除き、適用回避防止規定（子会社を経由した配当を用いたスキームへの対応）の対象からは除かれていない。一方で、関係法人や他の関係法人がいずれも新規設立した事業体である場合には、設立時の利益剰余金がいずれもゼロであることから、本税制の適用を回避することが目的ではないことが明らかであるため、適用回避防止規定の対象から除外して頂きたい」（国際課税連絡協議会「令和4年度税制改正要望」（令和3年9月））というような声があったところである。

　令和4年度税制改正の大綱によれば、適用回避防止規定②（子会社を経由した配当を用いたスキームへの対応）について、次のいずれかに該当する場合には適用しないこととされる。

(1)　対象配当等の額に係る基準時以前10年以内に子法人との間にその子法人による特定支配関係があった法人（以下「**孫法人等**」という）の全てがその設立の時からその基準時（注1）まで継続してその子法人との間にその子法人による特定支配関係がある法人（以下、(1)において「**継続関係法人**」という）である場合（注2）

　　（注1）　その基準時前に特定支配関係を有しなくなった孫法人等にあっては、最後に特定支配関係を有しなくなった時の直前
　　（注2）　その子法人又はその孫法人等を合併法人とする合併で、継続関係法人でない法人を被合併法人とするものが行われていた場合等を除く。

(2)　次のいずれにも該当する場合
　イ　その親法人と孫法人との間に、その孫法人の設立の時からその孫法人から子法人に支払う配当等の額に係る基準時まで継続して親法人による特定支配関係がある場合

ロ　その基準時以前10年以内にその孫法人との間にその孫法人による特定
支配関係があった法人（以下「**ひ孫法人等**」という）の全てがその設立の
時からその基準時（注1）まで継続してその孫法人との間にその孫法人
による特定支配関係がある法人（以下、ロにおいて「**継続関係法人**」とい
う）である場合（注2）

（注1）　その基準時前に特定支配関係を有しなくなったひ孫法人等にあって
は、最後に特定支配関係を有しなくなった時の直前

（注2）　その孫法人又はそのひ孫法人等を合併法人とする合併で、継続関係
法人でない法人を被合併法人とするものが行われていた場合等を除く。

　上記の改正は、令和2年4月1日以後に開始する事業年度において受ける対
象配当等の額について適用されることとされている。

■改正後のイメージ（上記⑴）

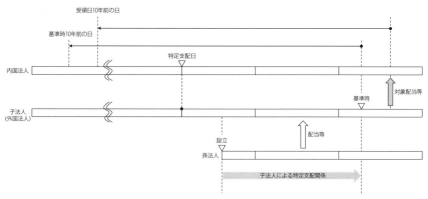

（注）　令和4年度税制改正前の法令の下では、「対象配当等」につき特定支配後利益剰余金額要件（法
令119の3⑦二）を満たすものの、同要件につき法令119の3⑪二ロの適用がある場合を念頭に置
いたものである。

　上記の例において、その資産の総額の過半が孫法人株式である子法人が一定
の規模の配当を受けた場合であっても、適用回避防止規定②（子会社を経由し
た配当を用いたスキームへの対応）は適用されない。

別　表

特定支配関係のある他の法人から受ける対象配当等の額等に関する明細書		事業年度又は連結事業年度	・　・	法人名	（　　　　　　　）

他 の 法 人 の 名 称	1			
本 店 又 は 主 た る 事 務 所 の 所 在 地	2			
特 定 支 配 日	3	・　・	・　・	・　・
対 象 配 当 等 の 額	4	円	円	
対 象 配 当 等 の 額 に 係 る 基 準 時	5	・　・	・　・	・　・
同 一 事 業 年 度 内 配 当 等 の 額 の 合 計 額	6	円	円	
(6)のうち令第119条の3第7項の規定の適用を受けなかった配当等の額の合計額	7			
(4)＋(6)	8			
(4)及び(6)に係る各基準時の直前において有する他の法人の株式又は出資の帳簿価額のうち最も大きいもの	9			
(9)×10%	10			
内国法人等の株主割合	令第119条の3第7項第1号の該当の有無	11	有　・　無	有　・　無	有　・　無
	令第119条の3第7項第2号の該当の有無	12	有　・　無	有　・　無	有　・　無
他の法人の株式又は出資の基準時の直前における帳簿価額から減算される金額	13	円	円	円
特 定 支 配 後 増 加 利 益 剰 余 金 額 超 過 額 等 の 計 算					
支 配 後 配 当 等 の 額 の 合 計 額	14			
(14)のうち支払を受ける配当等の額の合計額	15			
他の法人の対象配当等の額に係る決議日等前に最後に終了した事業年度の貸借対照表に計上されている利益剰余金の額	16			
特定支配日から対象配当等の額に係る決議日等の属する他の法人の事業年度開始の日の前日までの間に当該他の法人の株主等が受けた配当等の額に対応して減少した当該他の法人の利益剰余金の額の合計額	17			
他の法人の特定支配日前に最後に終了した事業年度の貸借対照表に計上されている利益剰余金の額（当該特定支配日の属する事業年度開始の日以後に当該他の法人の株主等が受けた配当等の額がある場合には、当該配当等の額に対応して減少した利益剰余金の額を減算した金額）	18			
特 定 支 配 後 増 加 利 益 剰 余 金 額 (16)＋(17)－(18) （マイナスの場合は0）	19			
(14)－(19) （マイナスの場合は0）	20			
(20) × $\frac{(15)}{(14)}$	21			
対象配当等の額を受ける前に他の法人から受けた配当等の額のうち令第119条の3第7項の規定の適用に係る金額	22			
特 定 支 配 後 増 加 利 益 剰 余 金 額 超 過 額 (21)－(22) （マイナスの場合は0）	23			
((4)＋(7))と(23)のうちいずれか少ない金額	24	円	円	円
(24)のうち益金不算入規定により益金の額に算入されない金額 （(13)へ記入）	25			

別表八（三）の記載について

1 「18」欄は、法令119の3⑦二ハに掲げる金額を記載する。この場合において、法令119の3⑪又は⑫（法令119の4①後段においてその例による場合を含む）の規定の適用があるときは、法令119の3⑪一ロ・二又は法令119の3⑫一の規定により加算され、又は減算される金額の計算に関する明細を別紙に記載して添付する[19]。

---

19) 記載要領8（3）―4

計算例

以下、次表に記載のケース(1)～(4)について計算例を示す。

	適用回避防止規定②―2 （法令119の3⑪二ロ）	適用回避防止規定②―3 （法令119の3⑪二ハ）
特定支配後利益剰余金額要件	(1)	―
	(3)	
法令119の3⑧の特例計算	(2)	―
	(4)	

なお、以下、【X】、【Y】又は【Z】について、「配当等の額」とあるのは、「配当等の額を受けたことにより生じた収益の額」をいうものとする。

(1) 特定支配後利益剰余金額要件につき適用回避防止規定②-2の適用がある ケース

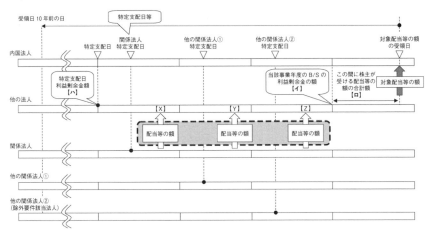

(注)　法令119の3⑪ニロは、特定支配日等とは、❶特定支配日と❷当該内国法人が当該関係法人又は他の関係法人（それぞれ除外要件該当法人を除く）との間に最後に特定支配関係を有することとなった日のうち最も早い日とのうちいずれか遅い日をいう旨規定している。これを上図についてみると、❶「特定支配日」と❷（A）「関係法人特定支配日」と（B）「他の関係法人①特定支配日」のうち早い日（すなわち、（A）の「関係法人特定支配日」）のうちいずれか遅い日（すなわち、❷の（A）の「関係法人特定支配日」）が「特定支配日等」に該当する。なお、除外要件該当法人に係る「他の関係法人②特定支配日」は、「特定支配日等」の判定上考慮しない。

（財務省（2020）493頁を一部加工）

上記の例において、

$$【イ】-【ロ】≧【ハ】+【X】+【Y】+【Z】$$

である場合には子会社株式簿価減額特例の対象外となる。

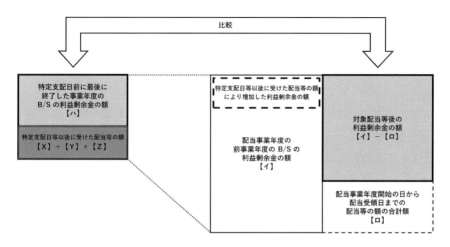

⑵　**法令119の3⑧の特例計算につき適用回避防止規定②−2の適用があるケース**

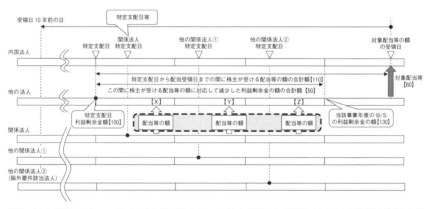

（注）　法令119の3⑪二ロは、特定支配日等とは、❶特定支配日と❷当該内国法人が当該関係法人又
　　　は他の関係法人（それぞれ除外要件該当法人を除く）との間に最後に特定支配関係を有すること
　　　となった日のうち最も早い日とのうちいずれか遅い日をいう旨規定している。これを上図につい
　　　てみると、❶「特定支配日」と❷（A）「関係法人特定支配日」と（B）「他の関係法人①特定支配
　　　日」のうち早い日（すなわち、（A）の「関係法人特定支配日」）のうちいずれか遅い日（すな
　　　わち、❷の（A）の「関係法人特定支配日」）が「特定支配日等」に該当する。なお、除外要件該
　　　当法人に係る「他の関係法人②特定支配日」は、「特定支配日等」の判定上考慮しない。

（財務省（2020）494頁を一部加工）

上記の例において、外国子会社Ｙの株式等の帳簿価額から減額する金額は、原則計算による場合は、

対象配当等の額　60 × 95% ＝ 57

となる。

法令119の３⑧の特例計算による場合は、対象配当等の額及び同一事業年度内配当等の額（法令119の３⑦の規定の適用に係るものを除く）の合計額のうち特定支配後増加利益剰余金額超過額に達するまでの金額（益金不算入規定により益金の額に算入されない金額に限る）となる。例えば、

｛（**支配後配当等の額**[20]　110）－（**特定支配後増加利益剰余金額**[21]　80 －（【X】＋【Y】＋【Z】））｝× 95%

↑

（配当直前の利益剰余金額　130）＋（配当に対応して減少した利益剰余金額　50）

－｛（特定支配日利益剰余金額　100）＋（配当等の額　【X】＋【Y】＋【Z】）｝

＝　80－（【X】＋【Y】＋【Z】）

となる（財務省（2020）494頁）。

20）法令119の３⑧

21）法令119の３⑧

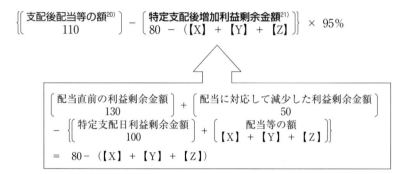

⑶　特定支配後利益剰余金額要件につき適用回避防止規定②-2及び②-3の適用があるケース

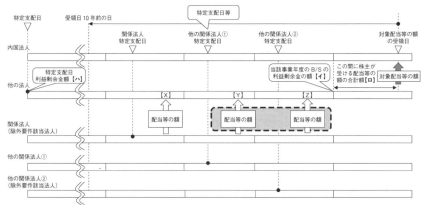

(注)　法令119の3⑪二ロは、特定支配日等とは、❶特定支配日と❷当該内国法人が当該関係法人又は他の関係法人（それぞれ除外要件該当法人を除く）との間に最後に特定支配関係を有することとなった日のうち最も早い日とのうちいずれか遅い日をいう旨規定している。これを上図についてみると、❶「特定支配日」と❷「他の関係法人①特定支配日」のうちいずれか遅い日（すなわち、❷の「他の関係法人①特定支配日」）が「特定支配日等」に該当する。なお、除外要件該当法人に係る「関係法人特定支配日」及び「他の関係法人②特定支配日」は、「特定支配日等」の判定上考慮しない。

（財務省（2020）494頁を一部加工）

　上記の例において、

　　【イ】 －【ロ】 ≧【ハ→ゼロ】 ＋【Y】 ＋【Z】

である場合には子会社株式簿価減額特例の対象外となる。

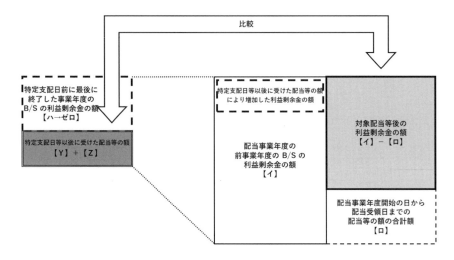

⑷　法令119の３⑧の特例計算につき適用回避防止規定②－２及び②－３の適用があるケース

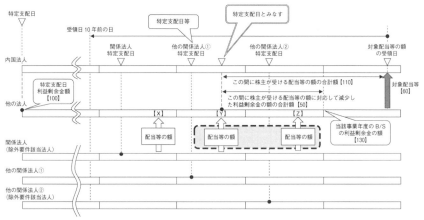

(注)　他の法人が関係法人から特定支配日等以後最初に配当等の額を受けた日を「特定支配日」とみなす。

(財務省（2020）495頁を一部加工)

　上記の例において、外国子会社Ｙの株式等の帳簿価額から減額する金額は、原則計算による場合は、

　対象配当等の額　60　×　95％　＝　57

となる。

　法令119の3⑧の特例計算による場合は、対象配当等の額及び同一事業年度内配当等の額（法令119の3⑦の規定の適用に係るものを除く）の合計額のうち特定支配後増加利益剰余金額超過額に達するまでの金額（益金不算入規定により益金の額に算入されない金額に限る）となる。例えば、

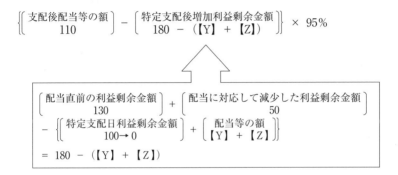

$$\left\{\left[\begin{array}{c}\text{支配後配当等の額}\\110\end{array}\right]-\left[\begin{array}{c}\text{特定支配後増加利益剰余金額}\\180-(【Y】+【Z】)\end{array}\right]\right\}\times95\%$$

$$\left[\begin{array}{c}\text{配当直前の利益剰余金額}\\130\end{array}\right]+\left[\begin{array}{c}\text{配当に対応して減少した利益剰余金額}\\50\end{array}\right]$$
$$-\left\{\left[\begin{array}{c}\text{特定支配日利益剰余金額}\\100\rightarrow0\end{array}\right]+\left[\begin{array}{c}\text{配当等の額}\\【Y】+【Z】\end{array}\right]\right\}$$
$$=180-(【Y】+【Z】)$$

となる（財務省（2020）495頁）。

Q&A

Q1

「貸借対照表に計上されている総資産の帳簿価額のうちに占める…関係法人の株式又は出資の帳簿価額のうち最も大きいものの割合が100分の50を超える」（法令119の３⑪二）かどうかの判定は、貸借対照表に計上されている帳簿価額に基づいて行うことになりますか。

Answer

分母の総資産の帳簿価額は、貸借対照表に計上されている帳簿価額、すなわち、会計上の帳簿価額となりますが、分子の孫会社株式の帳簿価額は、税務上の帳簿価額となると考えられます。

《参　考》

財務省（2020）491頁

Q2

「貸借対照表に計上されている総資産の帳簿価額のうちに占める…関係法人の株式又は出資の帳簿価額のうち最も大きいものの割合」（法令119の３⑪二）が50％を超えるかどうかの判定において、子会社が外国法人に該当する場合には、我が国の法人税法に従って、分子の孫会社株式の帳簿価額を再計算することになりますか。

Answer

そのような再計算をする必要はなく、会計上の帳簿価額を用いて判定を行うことになるものと考えられます。

《解　説》

　分子の孫会社株式の帳簿価額は、税務上の帳簿価額となりますが、子会社が我が国の法人税法が適用されていない法人（例えば、外国子会社）である場合には、会計上の帳簿価額を用いて判定を行って差し支えありません。

《参　考》

財務省（2020）491・492頁

趣旨説明（2021）21頁

法令119の3 ⑫

内国法人との間に特定支配関係がある法人間における分割型分割に係る分割法人の取扱い

本セクションの構成

---

1 解 説
2 趣 旨
別 表
計算例

法令119の3	移動平均法を適用する有価証券について評価換え等があった場合の1単位当たりの帳簿価額の算出の特例

12 第7項に規定する他の法人が関係法人を分割承継法人とする分割型分割（特定支配日と対象配当等の額を受ける日の10年前の日とのうちいずれか遅い日から当該他の法人の当該対象配当等の額に係る決議日等の属する事業年度開始の日の前日までの間に行われたものに限る。）に係る分割法人である場合（当該分割型分割により当該他の法人から当該関係法人に引き継がれた利益剰余金の額がある場合に限る。）における同項の内国法人が当該他の法人から受ける配当等の額に係る同項及び

第8項の規定の適用については、次に定めるところによる。

一　当該分割型分割に係る前項第1号ロの規定により当該関係法人の第7項第2号ハに掲げる金額に加算される金額に相当する金額を当該他の法人の同号ハに掲げる金額から減算する。

二　当該分割型分割が適格分割型分割に該当しない場合には、当該分割型分割に対応して減少した利益剰余金の額は、ないものとする。

Point

　他の法人が関係法人を分割承継法人とする分割型分割に係る分割法人である場合には、次による。

①　当該分割型分割に係る法令119の3⑪一ロの規定により当該関係法人（分割承継法人）の特定支配日の利益剰余金の額に加算される金額に相当する金額を、当該他の法人（分割法人）の特定支配日の利益剰余金の額から減算する。

②　当該分割型分割が適格分割型分割に該当しない場合には、法令119の3⑧の特例計算上、当該分割型分割に対応して減少した利益剰余金の額をないものとする。

1　解　説

　他の法人が、**関係法人**[1]を分割承継法人とする分割型分割（注1）に係る分割法人に該当する場合（注2）には、次によることとされている。

イ　法令119の3⑪一ロの規定により関係法人（分割承継法人）の法令119の3⑦二ハに掲げる金額（特定支配日の利益剰余金の額）に加算される金額に相当する金額を、他の法人（分割法人）の法令119の3⑦二ハに掲げる金

1）法令119の3⑪一

額から減算する。この「法令119の3⑪一ロの規定により関係法人（分割
承継法人）の法令119の3⑦二ハに掲げる金額（…）に加算される金額」
は、次の算式（注3）により計算した金額である。

《算式》

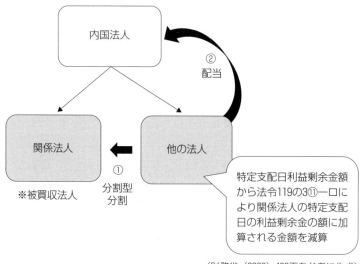

**関係法人支配関係発生日
利益剰余金額**[2)]のうち分
割型分割の直前の関係法×
人の利益剰余金の額に達
するまでの金額

分割型分割により関係法人から他の
法人に引き継がれた利益剰余金の額
─────────────────────
分割型分割の直前の関係法人の利益剰余金の額

内国法人

② 配当

関係法人

※被買収法人

① 分割型分割

他の法人

特定支配日利益剰余金額
から法令119の3⑪一ロに
より関係法人の特定支配
日の利益剰余金の額に加
算される金額を減算

（財務省（2020）489頁を参考に作成）

ロ　分割型分割が適格分割型分割に該当しない場合には、法令119の3⑧の
　　特例計算の適用に際し、当該分割型分割により生ずるみなし配当の額に対
　　応して減少した利益剰余金の額は、ないものとする。

　　（注1）　**特定支配日**[3)]と**対象配当等の額**[4)]を受ける日の10年前の日とのうちい
　　　　　　ずれか遅い日から当該他の法人の当該対象配当等の額に係る**決議日等**[5)]

2）法令119の3⑪一ロ
3）法令119の3⑦一
4）法令119の3⑦柱書
5）法令119の3⑨一

の属する事業年度開始の日の前日までの間に行われたものに限る。

（注２）　当該分割型分割により当該他の法人から当該関係法人に引き継がれた利益剰余金の額がある場合に限る。

（注３）　算式中の用語は、法令119の３⑪一ロの規定に基づくものであり、具体的には、「他の法人」が分割承継法人に、「関係法人」が分割法人にそれぞれ該当する場合を前提とするものである。

一方、法令119の３⑫の規定は、「他の法人」が分割法人に、「関係法人」が分割承継法人にそれぞれ該当する場合を前提とするものであるから、算式中、「他の法人」とあるのは、「関係法人」（分割承継法人）と、「関係法人」とあるのは、「他の法人」（分割法人）とそれぞれ読み替える必要がある。

2　趣旨

(1)　分割型分割に対応して分割法人の利益剰余金の額が減少した場合における分割法人の取扱い（第１号）

分割法人における特定支配日利益剰余金額要件[6]の計算及び法令119の３⑧の特例計算を適切に行うことができるようにするためのものである[7]。

(2)　非適格分割によりみなし配当の額が生ずる場合における分割法人の取扱い（第２号）

法令119の３⑧の特例計算を適切に行うことができるよう（すなわち、非適格分割により生ずるみなし配当の額により減少した利益剰余金の額が、配当等の額に対応して減少した利益剰余金の額に含まれることのないよう）にするためのものである[8]。

6）法令119の３⑦二
7）財務省（2020）495頁
8）財務省（2020）495頁

別 表

特定支配関係のある他の法人から受ける対象配当等の額等に関する明細書		事業年度又は連結事業年度	・　・	法人名	（　　　　　　　　）

他　の　法　人　の　名　称	1			
本店又は主たる事務所の所在地	2			
特　　定　　支　　配　　日	3			
対　象　配　当　等　の　額	4	円	円	円
対象配当等の額に係る基準時	5	・　・	・　・	・　・
同一事業年度内配当等の額の合計額	6	円	円	円
(6)のうち令第119条の3第7項の規定の適用を受けなかった配当等の額の合計額	7			
(4)＋(6)	8			
(4)及び(6)に係る各基準時の直前において有する他の法人の株式又は出資の帳簿価額のうち最も大きいもの	9			
(9)×10%	10			
内国の判定割合等	令第119条の3第7項第1号の該当の有無	11	有　・　無	有　・　無	有　・　無
	令第119条の3第7項第2号の該当の有無	12	有　・　無	有　・　無	有　・　無
他の法人の株式又は出資の基準時の直前における帳簿価額から減算される金額	13	円	円	円
特　定　支　配　後　増　加　利　益　剰　余　金　額　超　過　額　等　の　計　算					
支 配 後 配 当 等 の 額 の 合 計 額	14			
(14)のうち支払を受ける配当等の額の合計額	15			
他の法人の対象配当等の額に係る決議日等前に最後に終了した事業年度の貸借対照表に計上されている利益剰余金の額	16			
特定支配日から対象配当等の額に係る決議日等の属する他の法人の事業年度開始の日の前日までの間に当該他の法人の株主等が受けた配当等の額に対応して減少した当該他の法人の利益剰余金の額の合計額	17			
他の法人の特定支配日前に最後に終了した事業年度の貸借対照表に計上されている利益剰余金の額（当該特定支配日の属する事業年度開始の日以後に当該他の法人の株主等が受けた配当等の額がある場合には、当該配当等の額に対応して減少した利益剰余金の額を減算した金額）	18			
特 定 支 配 後 増 加 利 益 剰 余 金 額　(16)＋(17)－(18)　（マイナスの場合は0）	19			
(14)－(19)　（マイナスの場合は0）	20			
(20)×$\frac{(15)}{(14)}$	21			
対象配当等の額を受ける前に他の法人から受けた配当等の額のうち令令第119条の3第7項の規定の適用に係る金額	22			
特 定 支 配 後 増 加 利 益 剰 余 金 額 超 過 額　(21)－(22)　（マイナスの場合は0）	23			
((4)＋(7))と(23)のうちいずれか少ない金額	24	円	円	円
(24)のうち益金不算入規定により益金の額に算入されない金額　((13)へ記入)	25			

別表八（三）の記載について

1　「18」欄は、法令119の３⑦二ハに掲げる金額を記載する。この場合において、法令119の３⑪又は⑫（法令119の４①後段においてその例による場合を含む）の規定の適用があるときは、法令119の３⑪一ロ・二又は法令119の３⑫一の規定により加算され、又は減算される金額の計算に関する明細を別紙に記載して添付する[9]。

9）記載要領８（３）―４

計算例

以下、次表に記載のケース(1)及び(2)について計算例を示す。

	法令119の3⑫一	法令119の3⑫二
特定支配後利益剰余金額要件	(1)	—
法令119の3⑧の特例計算	(2)	

(1) 特定支配後利益剰余金額要件につき法令119の3⑫一の適用があるケース

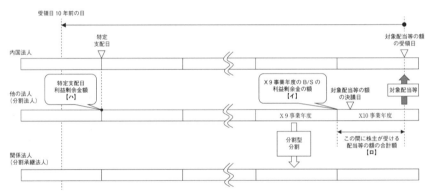

(財務省（2020）496頁を一部加工)

上記の例において、

【イ】－【ロ】≧【ハ】－【ハ】のうち関係法人に引き継がれた金額である場合には子会社株式簿価減額特例の対象外となる。

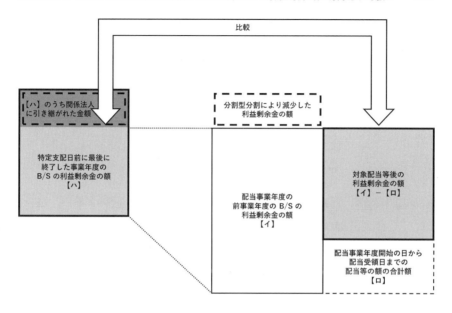

⑵　法令119の3⑧の特例計算につき法令119の3⑫各号の適用があるケース

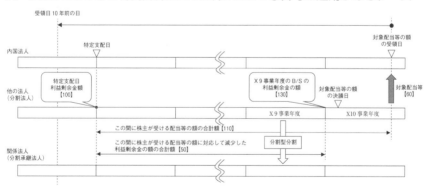

（注）　特定支配日利益剰余金額【100】のうち関係法人に引き継がれた金額は、xx であるものとする。

（財務省（2020）497頁を一部加工）

　　上記の例において、外国子会社 Y の株式等の帳簿価額から減額する金額は、原則計算による場合は、

　　　対象配当等の額　60　×　95％　＝　57

となるが、法令119の 3 ⑧の特例計算による場合は、

$$\left\{\left[\frac{\text{支配後配当等の額}^{10)}}{110}\right] - \left[\frac{\text{特定支配後増加利益剰余金額}^{11)}}{80 + \text{xx}}\right]\right\} \times 95\%$$

非適格分割型分割により生ずるみなし配当の額に対応
して減少した利益剰余金の額はないものとされる。

$$\left[\frac{\text{配当直前の利益剰余金額}}{130}\right] + \left[\frac{\text{配当に対応して減少した利益剰余金額}}{50}\right]$$
$$- \left\{\left[\frac{\text{特定支配日利益剰余金額}}{100}\right] - \left[\frac{\text{【100】のうち関係法人に引き継がれた金額}}{\text{xx}}\right]\right\}$$
$$= 80 + \text{xx}$$

となる。

---

10) 法令119の 3 ⑧
11) 法令119の 3 ⑧

法令119の3 ⑬

情報申告義務

本セクションの構成

---

1 解 説
2 省 令
別 表

法令119の3	移動平均法を適用する有価証券について評価換え等があった場合の1単位当たりの帳簿価額の算出の特例

13 内国法人が受ける対象配当等の額及び同一事業年度内配当等の額の合計額が当該対象配当等の額及び同一事業年度内配当等の額に係る各基準時の直前において当該内国法人が有する第7項に規定する他の法人の株式又は出資の帳簿価額のうち最も大きいものの100分の10に相当する金額を超える場合（同項第3号又は第4号に掲げる要件のいずれかに該当する場合並びに当該対象配当等の額及び同一事業年度内配当等の額のいずれについても益金不算入規定の適用を受けない場合を除く。）には、当該内国法人は、当該対象配当等の額に係る基準時の属する事業年度の確定申告書に当該対象配当等の額及び同一事業年度内配当等の額その他財務省令で定める事項を記載した書類を添付しなければならない。

Point

子会社から受ける配当等の額が、子会社株式の帳簿価額の10%相当額を超える場合には、次に掲げるときを除き、対象配当等の額に係る基準時の属する事業年度の確定申告書に所定の事項を記載した別表八（三）を添付しなければならない。

① 10年超支配要件又は金額要件のいずれかに該当するとき
② 対象配当等の額及び同一事業年度内配当等の額のいずれについても益金不算入規定の適用を受けないとき

1 解 説

内国法人が受ける**対象配当等の額**[1)]及び**同一事業年度内配当等の額**[2)]の合計額が当該対象配当等の額及び同一事業年度内配当等の額に係る各**基準時**[3)]の直前において当該内国法人が有する他の法人の株式又は出資の帳簿価額のうち最も大きいものの10％に相当する金額を超える場合（注1）には、当該内国法人は、当該対象配当等の額に係る基準時の属する事業年度の確定申告書に❶当該対象配当等の額、❷同一事業年度内配当等の額及び❸次に掲げる事項（法規27②）を記載した書類（注2）を添付しなければならないこととされている。

　イ　各基準時の直前において内国法人が有する他の法人の株式又は出資の帳簿価額のうち最も大きいもの

　ロ　**内国株主割合要件**[4)]又は**特定支配日利益剰余金額要件**[5)]に該当する場合には、その旨

　ハ　子会社株式簿価減額特例により他の法人の株式又は出資の基準時の直前

1）法令119の3⑦柱書
2）法令119の3⑦柱書
3）法令119の3⑨三
4）法令119の3⑦一
5）法令119の3⑦二

における帳簿価額から減算される金額

ニ　その他参考となるべき事項

(注1)　❶**10年超支配要件**[6]又は**金額要件**[7]のいずれかに該当する場合並びに❷当該対象配当等の額及び同一事業年度内配当等の額のいずれについても**益金不算入規定**[8]の適用を受けない場合を除く。

(注2)　具体的には、法人税申告書別表八（三）「特定支配関係のある他の法人から受ける対象配当等の額等に関する明細書」をいう。

2　省令

法規27	移動平均法を適用する有価証券について評価換え等があった場合の一単位当たりの帳簿価額の算出の特例に関する書類等

2　令第119条の3第13項に規定する財務省令で定める事項は、次に掲げる事項とする。

一　令第119条の3第13項に規定する各基準時の直前において内国法人が有する他の法人の株式又は出資の帳簿価額のうち最も大きいもの

二　令第119条の3第7項第1号又は第2号に掲げる要件に該当する場合には、その旨

三　令第119条の3第7項（令第119条の4第1項後段（評価換え等があった場合の総平均法の適用の特例）においてその例による場合を含む。）の規定により他の法人の株式又は出資の令第119条の3第7項に規定する基準時の直前における帳簿価額から減算される金額

四　その他参考となるべき事項

6）法令119の3⑦三
7）法令119の3⑦四
8）法令119の3⑦柱書

別　表

特定支配関係のある他の法人から受ける対象配当等の額等に関する明細書		事業年度又は連結事業年度	・　・	法人名	（　　　　　　　）
他　の　法　人　の　名　称	1				
本店又は主たる事務所の所在地	2				
特　　定　　支　　配　　日	3	・　・	・　・		・　・
対　象　配　当　等　の　額	4	円	円		円
対象配当等の額に係る基準時	5	・　・	・　・		・　・
同一事業年度内配当等の額の合計額	6	円	円		円
(6)のうち令第119条の3第7項の規定の適用を受けなかった配当等の額の合計額	7				
(4) + (6)	8				
(4)及び(6)に係る各基準時の直前において有する他法人の株式又は出資の帳簿価額のうち最も大きいもの	9				
(9)×10%	10				
内国等の株主定割合	令第119条の3第7項第1号の該当の有無	11	有　・　無	有　・　無	有　・　無
	令第119条の3第7項第2号の該当の有無	12	有　・　無	有　・　無	有　・　無
他の法人の株式又は出資の基準時の直前における帳簿価額から減算される金額	13	円	円		円
特 定 支 配 後 増 加 利 益 剰 余 金 額 超 過 額 等 の 計 算					
支 配 後 配 当 等 の 額 の 合 計 額	14				
(14)のうち支払を受ける配当等の額の合計額	15				
他の法人の対象配当等の額に係る決議日等前に最後に終了した事業年度の貸借対照表に計上されている利益剰余金の額	16				
特定支配日から対象配当等の額に係る決議日等の属する他の法人の事業年度開始の日の前日までの間に当該他の法人の株主等が受けた配当等の額に対応して減少した当該他の法人の利益剰余金の額の合計額	17				
他の法人の特定支配前に最後に終了した事業年度の貸借対照表に計上されている利益剰余金の額（当該特定支配日の属する事業年度開始の日以後に当該他の法人の株主等が受けた配当等の額がある場合には、当該配当等の額に対応して減少した利益剰余金の額を減算した金額）	18				
特 定 支 配 後 増 加 利 益 剰 余 金 額 (16) + (17) − (18) （マイナスの場合は0）	19				
(14) − (19) （マイナスの場合は0）	20				
(20) × (15)/(14)	21				
対象配当等の額を受ける前に他の法人から受けた配当等の額のうち令第119条の3第7項の規定の適用に係る金額	22				
特 定 支 配 後 増 加 利 益 剰 余 金 額 超 過 額 (21) − (22) （マイナスの場合は0）	23				
((4) + (7))と(23)のうちいずれか少ない金額	24	円	円		円
(24)のうち益金不算入規定により益金の額に算入されない金額 ((13)へ記入)	25				

別表八（三）の記載について

1　この明細書は、法人が受ける対象配当等の額及び同一事業年度内配当等の額の合計額（「4」欄＋「6」欄）が当該対象配当等の額及び同一事業年度内配当等の額に係る各基準時の直前において当該内国法人が有する他の法人の株式等の帳簿価額のうち最も大きいものの10％相当額（「10」欄）を超える場合（次に掲げる場合を除く）に記載する（法令119の3⑬）。

(1)　10年超支配要件又は金額要件のいずれかに該当する場合

(2)　対象配当等の額及び同一事業年度内配当等の額のいずれについても益金不算入規定の適用を受けない場合

2　「4」欄には、対象配当等の額を記載する。

3　「6」欄には、同一事業年度内配当等の額を記載する。

4　「9」欄には、各基準時の直前において内国法人が有する他の法人の株式又は出資の帳簿価額のうち最も大きいもの（法規27②一）を記載する。

5　「11」欄には、内国株主割合要件に該当する場合には、その旨（法規27②二）を記載する。

6　「12」欄には、特定支配日利益剰余金額要件に該当する場合には、その旨（法規27②二）を記載する。

7　「13」欄には、子会社株式簿価減額特例により他の法人の株式又は出資の基準時の直前における帳簿価額から減算される金額（法規27②三）を記載する。

8　以上のほか、別表の様式に従い、その他参考となるべき事項（法規27②四）を記載する。

法令119の4 ①③

総平均法を適用する株式等について対象配当等の受領があった場合

本セクションの構成

1 解 説

2 用語の意義

3 通 達

Q&A

法令119の4	評価換え等があった場合の総平均法の適用の特例

1 　内国法人の有する有価証券（第119条の2第1項第2号（有価証券の1単位当たりの帳簿価額の算出の方法）に掲げる総平均法（以下この項において「総平均法」という。）によりその1単位当たりの帳簿価額を算出するものに限る。以下この条において同じ。）又はその有価証券を発行した法人について、当該事業年度において前条第1項各号に規定する評価換え、同条第2項に規定する民事再生等評価換え、同条第3項に規定する非適格株式交換等時価評価、同条第4項に規定す

る時価評価、同条第５項に規定する通算終了事由の発生、同条第６項に規定する寄附修正事由の発生、同条第７項に規定する対象配当等の額の受領、同条第14項に規定する併合、同条第15項に規定する分割若しくは併合、同条第16項に規定する交付、同条第17項に規定する合併、同条第18項若しくは第19項に規定する分割型分割、同条第20項に規定する分社型分割、同条第21項に規定する株式分配、同条第22項に規定する株式交換、同条第23項に規定する資本の払戻し若しくは分配又は同条第24項に規定する交付（以下この項において「評価換え等」という。）があった場合には、当該事業年度開始の時（その時からその評価換え等があった時までの間に他の評価換え等があった場合には、その評価換え等の直前の他の評価換え等があった時）からその評価換え等の直前の時までの期間（以下この項において「評価換前期間」という。）及びその評価換え等があった時から当該事業年度終了の時までの期間（以下この項において「評価換後期間」という。）をそれぞれ１事業年度とみなして、総平均法によりその１単位当たりの帳簿価額を算出するものとする。この場合において、当該評価換後期間の開始の時において有するその有価証券の帳簿価額は、当該評価換前期間を１事業年度とみなして総平均法により算出したその有価証券のその１単位当たりの帳簿価額に当該評価換前期間の終了の時において有するその有価証券の数を乗じて計算した金額をその有価証券のその評価換え等の直前の帳簿価額とみなして同条各項の規定の例により算出したその評価換え等の直後のその１単位当たりの帳簿価額に、その評価換え等の直後にその内国法人の有するその有価証券の数を乗じて計算した金額とする。

3　第１項に規定する対象配当等の額の受領は、当該対象配当等の額に係る前条第９項第３号に規定する基準時にあったものとする。

Point

　総平均法による１単位当たりの帳簿価額の算出においては、対象配当等の額の基準時ごとに事業年度を区切る。

1 解 説

　内国法人の有する有価証券（総平均法によりその1単位当たりの帳簿価額を算出するものに限る）又はその有価証券を発行した法人について、当該事業年度において**評価換え等**があった場合には、**評価換前期間**及び**評価換後期間**をそれぞれ一事業年度とみなして、総平均法によりその1単位当たりの帳簿価額を算出するものとされている。

　この場合において、当該評価換後期間の開始の時において有するその有価証券の帳簿価額は、❶当該評価換前期間を1事業年度とみなして総平均法により算出したその有価証券のその1単位当たりの帳簿価額に当該評価換前期間の終了の時において有するその有価証券の数を乗じて計算した金額をその有価証券のその評価換え等の直前の帳簿価額とみなして法令119の3①〜㉔の規定の例により算出したその評価換え等の直後のその1単位当たりの帳簿価額に、❷その評価換え等の直後にその内国法人の有するその有価証券の数を乗じて計算した金額とすることとされている。

　この「評価換え等」には「**対象配当等の額**[1]の受領」が含まれるので、総平均法の場合も、移動平均法の場合と同様に、帳簿価額を減額することになる[2]。

　また、対象配当等の額の受領は、当該対象配当等の額に係る**基準時**[3]にあったものとされるので、総平均法の場合には、❶事業年度開始の時から基準時の直前の時まで及び❷基準時から事業年度終了の時までをそれぞれ一事業年度とみなして1単位当たりの帳簿価額を計算することとなる。

1）法令119の3⑦柱書
2）財務省（2020）498頁
3）法令119の3⑨三

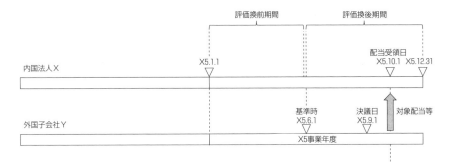

2　用語の意義

用　語	意　義
評価換え等	イ　評価換え　　　　　　　　　　（法令119の3①各号） ロ　民事再生等評価換え　　　　　（法令119の3②） ハ　非適格株式交換等時価評価　　（法令119の3③） ニ　時価評価　　　　　　　　　　（法令119の3④） ホ　通算終了事由の発生　　　　　（法令119の3⑤） ヘ　寄附修正事由の発生　　　　　（法令119の3⑥） ト　対象配当等の額の受領　　　　（法令119の3⑦） チ　併合　　　　　　　　　　　　（法令119の3⑭） リ　分割又は併合　　　　　　　　（法令119の3⑮） ヌ　交付　　　　　　　　　　　　（法令119の3⑯） ル　合併　　　　　　　　　　　　（法令119の3⑰） ヲ　分割型分割　　　　　　　　　（法令119の3⑱⑲） ワ　分社型分割　　　　　　　　　（法令119の3⑳） カ　株式分配　　　　　　　　　　（法令119の3㉑） ヨ　株式交換　　　　　　　　　　（法令119の3㉒） タ　資本の払戻し又は分配　　　　（法令119の3㉓） レ　交付　　　　　　　　　　　　（法令119の3㉔）
評価換前期間	当該事業年度開始の時（注）からその評価換え等の直前の時までの期間

	（注）　その時からその評価換え等があった時までの間に他の評価換え等があった場合には、その評価換え等の直前の他の評価換え等があった時
評価換後期間	評価換え等があった時から当該事業年度終了の時までの期間

3　通　達

法通2-3-22の9	総平均法による場合の帳簿価額の減額の判定

　法人が対象配当等の額を受領することにより令第119条の4第1項《評価換え等があった場合の総平均法の適用の特例》の規定の適用を受ける場合において、令第119条の3第7項《移動平均法を適用する有価証券について評価換え等があった場合の1単位当たりの帳簿価額の算出の特例》の規定の例により当該対象配当等の額に係る株式等の帳簿価額を減算するかどうかを判定するときは、その判定の基礎となる帳簿価額は、令第119条の4第1項の規定により評価換え等（同項に規定する評価換え等をいう。以下2-3-22の9において同じ。）の直前の帳簿価額とみなされる金額によることに留意する。

　（注）　当該対象配当等の額につき、令第119条の4第1項後段においてその例によるものとされる令第119条の3第7項の規定が適用されないため当該対象配当等の額に係る株式等の帳簿価額が減額されない場合には、当該対象配当等の額の受領による評価換え等のあった時の属する事業年度については、令第119条の4第1項に規定する評価換前期間及び同項に規定する評価換後期間をそれぞれ一事業年度とみなさないこととして総平均法によりその1単位当たりの帳簿価額を算出して差し支えない。

【解　説】

　総平均法を適用する株式等について子会社株式簿価減額特例の要件を判定する場合（10％判定）には、その判定の基礎となる株式等の帳簿価額は、対象配当等の額に係る基準時の属する事業年度開始の時（その時からその対象配当等の額に係る基準時までの間に他の配当等の額に係る基準時がある場合にはその他の配

当等の額に係る基準時（注））からその対象配当等の額に係る基準時の直前までの期間を一事業年度とみなして総平均法により算出した株式等の1単位当たりの帳簿価額にその基準時の直前において有するその株式等の数を乗じて計算した金額となる。

　また、対象配当等の額を受領しても、帳簿価額の10％を超えないものであったり、子会社株式簿価減額特例が適用されないための要件（法令119の3⑦各号）を満たすものであったりして、同特例の適用による帳簿価額の減額がされない場合には、総平均法による1単位当たりの帳簿価額の算出において、評価換え前と評価換え後において事業年度を区切らないこととしても、特段の課税上の弊害は生じないため、そのような取扱いも認められる[4]。

　　（注）　評価換前期間について、事業年度開始の時からその対象配当等の額に係る基準時までの間に他の配当等の額に係る基準時がある場合には、当該他の配当等の額に係る基準時からその対象配当等の額に係る基準時の直前までの期間としているが、当該他の配当等について子会社株式簿価減額特例の適用による株式等の帳簿価額が減額されない場合には、当該他の配当等に係る評価換前期間と評価換後期間について区切らないこととして差し支えない[5]。

4）趣旨説明（2021）26頁
5）趣旨説明（2021）26・27頁

Q&A

Q1

> 　総平均法の場合、配当等の額が株式等の帳簿価額の10%相当額を超える
> かどうかの判定（10%判定）は、どのタイミングで行いますか。

Answer

> 　移動平均法の場合と同様、配当等の額を受けるごとに行いますが、移動
> 平均法の場合と異なり、事業年度（会計期間）単位では行いません。

《解 説》

　国税庁課税部法人課税課の髙橋正朗課長補佐（当時）は、総平均法の場合と
移動平均法の場合との違いについて、「移動平均法の場合は、事業年度中に複
数回配当があれば適用がないものは足して判定しなくてはいけないということ
になっていましたが、総平均法の場合は、基準時ごとに事業年度を区分する形
になりますので、その配当ごとに計算する。他の配当を足して判定しないとい
うことになります」[6]と述べておられます。

---

6 ）髙橋（2020）14頁

法法33②

資産の評価損の損金不算入等

本セクションの構成

---

1 解 説
2 通 達

法法33	資産の評価損の損金不算入等

2　内国法人の有する資産につき、災害による著しい損傷により当該資産の価額がその帳簿価額を下回ることとなったことその他の政令で定める事実が生じた場合において、その内国法人が当該資産の評価換えをして損金経理によりその帳簿価額を減額したときは、その減額した部分の金額のうち、その評価換えの直前の当該資産の帳簿価額とその評価換えをした日の属する事業年度終了の時における当該資産の価額との差額に達するまでの金額は、前項の規定にかかわらず、その評価換えをした日の属する事業年度の所得の金額の計算上、損金の額に算入する。

Point

　法人が受ける対象配当等の額に係る基準時の属する日が当該事業年度終了の日である場合において、当該対象配当等の額について子会社株式簿価減額特例の適用を受けたときは、法法33②に規定する「評価換えの直前の…帳簿価額」は、同特例を適用した後の帳簿価額となる。

1　解説

　子会社株式簿価減額特例は、配当とその配当によって時価の下落した株式等の譲渡の組み合わせによる経済実態の伴わない税務上の損失の計上という租税回避を防止するため、株式等の譲渡前にその株式等の帳簿価額を引き下げることを目的として創設されたものであるが、一方で、この税務上の損失については、譲渡に限らず、例えば、評価換えによっても計上（評価損）することが可能である。

　法人税法においては、資産の評価損は原則として損金算入が認められないが、株式等の価額が著しく低下したこと等の一定の事実が生じた場合において、その株式等の評価換えをして損金経理によりその帳簿価額を減額したときは、その減額した部分の金額のうち、❶その評価換えの直前のその株式等の帳簿価額と❷その評価換えをした日の属する事業年度終了の時におけるその株式等の価額との差額に達するまでの金額は損金算入が認められる（法法33②、法令68）。

　ところで、評価損の前提となる評価換えが行われる時期は、少なくとも株式等の価額が著しく低下したこと等の一定の事実が生じた時以後となろう。そして、配当に基因する株式等の時価は、理論的には配当落ち日に1株当たりの配当金相当額だけその時価が下落すると考えられることからすると、配当を受ける者を定めるための基準日（会社法124）が定められている場合には、少なくとも基準日が経過した時（基準時）以後となろう。このため、理論的には、株式

等の価額が著しく低下したこと等の一定の事実が生じた時と配当等の基準時が一致することが考えられ、「基準時の直前の…帳簿価額」（法令119の3⑦）と「評価換えの直前の…帳簿価額」（法法33②）のどちらを先に減額することになるのか疑義が生ずる[1]。

　この点、法人が受ける**対象配当等の額**[2]に係る**基準時**[3]の属する日が当該事業年度終了の日である場合において、当該対象配当等の額について子会社株式簿価減額特例の適用を受けたときは、「評価換えの直前の…帳簿価額」は、同特例を適用した後の帳簿価額となることとされている（法通9-1-12の2）。

2　通　達

法通9-1-12の2	帳簿価額が減額された場合における評価換えの直前の帳簿価額の意義

　法人が受ける令第119条の3第7項《移動平均法を適用する有価証券について評価換え等があった場合の一単位当たりの帳簿価額の算出の特例》に規定する対象配当等の額に係る同条第9項第3号の基準時の属する日が当該事業年度終了の日である場合において、当該対象配当等の額について同条第7項の規定の適用を受けたときは、法第33条第2項《資産の評価損の損金不算入等》に規定する「評価換えの直前の当該資産の帳簿価額」は令第119条の3第7項の規定を適用した後の帳簿価額となることに留意する。

　（注）　本文の取扱いは、令第119条の3第5項、第6項及び第16項から第24項までの規定の適用を受けた場合の帳簿価額についても、同様とする。

【解　説】

　子会社株式簿価減額特例の適用を受ける場合において、同時に資産の評価損があるときの、同特例と資産の評価損の損金不算入制度（法法33②）との適用

---

1 ）趣旨説明（2021）28・29頁
2 ）法令119の3⑦柱書
3 ）法令119の3⑨三

の順序については、同特例が基準時の直前の帳簿価額を減算した金額を基に基準時の帳簿価額を計算する規定である以上、「評価換えの直前の…帳簿価額」(法法33②)は、同特例を適用した後の帳簿価額となり、このことは、基準時の属する日が評価換えをした日以前である限り、常にこの前後関係が成り立つと考えられ、また、同特例が創設された趣旨からしても整合的であろう。

　なお、本通達の本文は、基準時の属する日が当該事業年度終了の日である場合における取扱いを定めているが、これ以外でも株式等の価額が著しく低下したこと等の一定の事実が生じた時と配当等の基準時が同じ場面であれば同様の取扱いとなろう[4]。

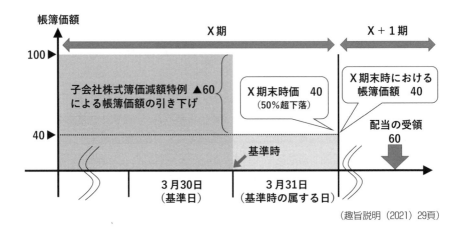

(趣旨説明（2021）29頁)

４）趣旨説明（2021）28・29頁

3

第3章

■

外国子会社配当に係る
外国源泉税の取扱い

■

法法39の2

外国子会社から受ける配当等に係る
外国源泉税等の損金不算入

本セクションの構成

1 解 説
2 趣 旨
3 政 令
4 通 達
別 表
計算例

法法39の2	外国子会社から受ける配当等に係る外国源泉税等の損金不算入

　内国法人が第23条の2第1項（外国子会社から受ける配当等の益金不算入）に規定する外国子会社から受ける同項に規定する剰余金の配当等の額（以下この条において「剰余金の配当等の額」という。）につき同項の規定の適用を受ける場合（剰余金の配当等の額の計算の基礎とされる金額に対して外国法人税（第69条第1項（外国

税額の控除）に規定する外国法人税をいう。以下この条において同じ。）が課される場合として政令で定める場合を含む。）には、当該剰余金の配当等の額（第23条の2第2項の規定の適用を受ける部分の金額を除く。）に係る外国源泉税等の額（剰余金の配当等の額を課税標準として所得税法第2条第1項第45号（定義）に規定する源泉徴収の方法に類する方法により課される外国法人税の額及び剰余金の配当等の額の計算の基礎とされる金額を課税標準として課されるものとして政令で定める外国法人税の額をいう。）は、その内国法人の各事業年度の所得の金額の計算上、損金の額に算入しない。

Point

① 　外国子会社から受ける配当等の額につき外国子会社配当益金不算入制度の適用を受ける場合には、その配当等の額に係る外国源泉税等の額は、損金の額に算入しない。

② 　外国子会社から受ける配当等の額につき外国子会社配当益金不算入制度の適用を受ける場合において、その配当等のうちに外国子会社合算税制との二重課税調整の対象とされる金額があるときは、その配当等の額に係る外国源泉税等の額のうちその金額に対応する部分については、損金の額に算入する。

1 　解 説

(1)　原 則

　内国法人が**外国子会社**[1)]から受ける**剰余金の配当等の額**[2)]につき外国子会社配当益金不算入制度の適用を受ける場合（注1）には、当該剰余金の配当等の額（注2）に係る外国源泉税等の額（注3）は、その内国法人の各事業年度の所得の金額の計算上、損金の額に算入しないこととされている。

1）法法23の2①
2）法法23の2①

　なお、損金不算入の対象となる外国源泉税等の額は、外国子会社配当益金不算入制度の適用を受けた剰余金の配当等の額に係るものとされているので、同制度の適用を受けない場合には、その外国源泉税等の額は、損金の額に算入することが認められる[3]。

> （注1）　剰余金の配当等の額の計算の基礎となる外国子会社の所得のうち内国法人に帰せられるものとして計算される金額を課税標準として当該内国法人に対して外国法人税が課される場合（その課された日の属する事業年度において当該外国子会社から当該剰余金の配当等の額を受けていない場合に限る）（法令78の3①）を含む。
>
> （注2）　法法23の2②（益金不算入の対象とならない損金算入配当等）の規定の適用を受ける部分の金額を除く。
>
> （注3）　❶剰余金の配当等の額を課税標準として源泉徴収の方法に類する方法により課される外国法人税の額（法法39の2かっこ書）及び❷剰余金の配当等の額の計算の基礎となった外国子会社の所得のうち内国法人に帰せられるものとして計算される金額を課税標準として当該内国法人に対して課される外国法人税の額（法令78の3②）をいう。

⑵　特 例

イ　特定課税対象金額等を有する内国法人が外国法人から受ける剰余金の配当等の額に係る取扱い

　　措法66の8②は、内国法人が外国法人から受ける剰余金の配当等の額（注1）がある場合には、当該剰余金の配当等の額のうち当該外国法人に係る特定課税対象金額（すなわち、内国法人の剰余金の配当等の額を受ける日を含む事業年度及び当該事業年度開始の日前10年以内に開始した各事業年度においてその外国関係会社につき合算対象とされた金額の合計額[4]）に達するまでの金額は、100％益金不算入とする旨規定している。

　　また、措法66の8⑧は、内国法人が外国法人から受ける剰余金の配当等の額（注1）がある場合には、当該剰余金の配当等の額（注2）のうち当

3）財務省（2009）431頁
4）財務省（2015）697頁

該外国法人に係る間接特定課税対象金額に達するまでの金額は、100％益金不算入とする旨規定している。

□　**外国子会社配当益金不算入制度の適用を受ける剰余金の配当等の額につき外国子会社合算税制との二重課税調整規定の適用を受ける場合の外国源泉税等の額に係る損金算入**

内国法人が外国子会社から受ける剰余金の配当等の額につき、措法66の8②又は措法66の8⑧の規定の適用を受ける場合には、損金不算入の対象となる外国源泉税等の額から、これらの規定の適用を受ける部分の金額を除くこととされている（措法66の8⑭による読替え後の法法39の2（注3））。

（注1）　法法23の2①により益金不算入の取扱いを受ける部分の金額に限る。

（注2）　措法66の8②の適用を受ける部分の金額を除く。

（注3）　措法66の8⑭による読替え後の法法39の2は、次のとおりである。

> **法人税法**
> **（外国子会社から受ける配当等に係る外国源泉税等の損金不算入）**
> **第39条の2**
> 　内国法人が第23条の2第1項（外国子会社から受ける配当等の益金不算入）に規定する外国子会社から受ける同項に規定する剰余金の配当等の額（以下この条において「剰余金の配当等の額」という。）につき同項の規定の適用を受ける場合（剰余金の配当等の額の計算の基礎とされる金額に対して外国法人税（第69条第1項（外国税額の控除）に規定する外国法人税をいう。以下この条において同じ。）が課される場合として政令で定める場合を含む。）には、当該剰余金の配当等の額（第23条の2第2項の規定の適用を受ける部分の金額並びに租税特別措置法第66条の8第2項及び第8項（内国法人の外国関係会社に係る所得の課税の特例）の規定の適用を受ける部分の金額を除く。）に係る外国源泉税等の額（剰余金の配当等の額を課税標準として所得税法第2条第1項第45号（定義）に規定する源泉徴収の方法に類する方法により課される外国法人税の額及び剰余金の配当等の額の計算の基礎とされる金額を課税標準として課されるものとして政令で定める外国法人税の額をいう。）は、その内国法人の各事業年度の所得の金額の計算上、損金の額に算入しない。

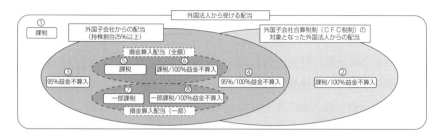

	外国法人から受ける配当（原則）			外国子会社合算税制の対象となった外国法人からの配当（特例）		
	受取配当に係る課税	受取配当に係る外国源泉税	受取配当に係る外国源泉税についての外税控除	受取配当に係る課税に関する特例	受取配当に係る外国源泉税	受取配当に係る外国源泉税についての外税控除
持株割合25％未満（ベン図①）	課税	（損金算入）*	あり			
持株割合25％未満＆CFC課税（ベン図②）	課税	（損金算入）	あり	100％益金不算入（注1）（措法66の8①⑦）	【特定課税対象金額等まで】（損金算入）　【上記以外】（損金算入）*	【特定課税対象金額等まで】なし（法令142の2⑧一）　【上記以外】あり
持株割合25％以上（ベン図③）	95％益金不算入（法法23の2①）	損金不算入（法法39の2）	なし（法令142の2⑦三）			
持株割合25％以上＆CFC課税（ベン図④）	95％益金不算入（法法23の2①）	損金不算入（法法39の2）	なし（法令142の2⑦三）	＋5％益金不算入（注1）（措法66の8②⑧）	【特定課税対象金額等まで】損金算入（措法66の8⑭）　【上記以外】損金不算入（法法39の2）	なし（法令142の2⑦三）
全額損金算入配当（持株割合25％以上）　全額損金算入（ベン図⑤）	課税（法法23の2②）	（損金算入）*	あり			
全額損金算入配当（持株割合25％以上）　＆CFC課税（ベン図⑥）	課税（法法23の2②）	（損金算入）	あり	100％益金不算入（注1）（措法66の8③⑨）	【特定課税対象金額等まで】（損金算入）　【上記以外】（損金算入）*	【特定課税対象金額等まで】なし（法令142の2⑧二）　【上記以外】あり
一部損金算入配当（持株割合25％以上）　支払国において損金算入された部分（ベン図⑦）	課税（法法23の2②③）	（損金算入）*	あり			
一部損金算入配当（持株割合25％以上）　支払国において損金算入された部分（＆CFC課税）（ベン図⑧）	課税（法法23の2②③）	（損金算入）	あり	100％益金不算入（注1）（措法66の8③⑨）	【特定課税対象金額等まで】（損金算入）　【上記以外】（損金算入）*	【特定課税対象金額等まで】なし（法令142の2⑧二）　【上記以外】あり
一部損金算入配当（持株割合25％以上）　支払国において損金算入されなかった部分（ベン図⑦）	95％益金不算入（法法23の2①）	損金不算入（法法39の2）	なし（法令142の2⑦三）			
一部損金算入配当（持株割合25％以上）　支払国において損金算入されなかった部分（＆CFC課税）（ベン図⑧）	95％益金不算入（法法23の2①）	損金不算入（法法39の2）	なし（法令142の2⑦三）	＋5％益金不算入（注1）（措法66の8②⑧）	【特定課税対象金額等まで】損金算入（措法66の8⑭）　【上記以外】損金不算入（法法39の2）	なし（法令142の2⑦三）

（*）　外国税額控除を行う場合には、グロスアップのため損金不算入となる（法法41）。
（注1）　当期及び過去10年内の合算課税額の範囲内で100％免除。合算課税額を超える部分は、原則どおり、課税 or 95％益金不算入。
（注2）　特定課税対象金額等とは、特定課税対象金額と間接特定課税対象金額の合計額をいう。

（財務省（2021）847頁を一部加工）

2　趣旨

(1)　原則

　剰余金の配当等の額に係る外国源泉税等の額は、内国法人の費用のうち外国子会社からの剰余金の配当等の額にのみ関連して生じたもの（直接費用）であり、課税所得の計算上その収益たる配当が益金の額に含まれないことから、その費用たる外国源泉税等の額も損金の額に含まれないこととされているものである[5]。

(2)　特例

　令和3年度税制改正前の取扱いにおいては、外国子会社合算税制との二重課税調整規定の適用を受ける場合に、その特定課税対象金額の如何にかかわらず剰余金の配当等の額に係る外国源泉税等の額の全額が損金算入できることとされていた。そのことから、損金算入額が外国子会社合算税制による課税額を超えるといった課税上の弊害が生じ得る状況となっていた。

　このような取扱いは、外国源泉税等の額が剰余金の配当等の額の全額を課税標準として課されるものであるとの考え方を重視したものと解される。

　他方、平成27年度税制改正以降、損金算入配当金額に係る外国源泉税等の額のうち、配当法人の本店所在地国で剰余金の配当等の額が損金算入される部分に対応する金額について、損金算入することが認められている。

　こうした状況を踏まえ、費用収益対応や国際的二重課税調整をより適切に行う観点からは、外国源泉税等の額について、それぞれ外国子会社合算税制による合算所得金額に対応する部分を区分して損金算入の可否を判定することも許容されるものと考えられ、令和3年度税制改正において、措法66の8 ②⑧⑭の改正が行われたものである[6]。

5）財務省（2009）431頁
6）財務省（2021）844頁

3 政　令

法令78の3	外国子会社から受ける配当等に係る外国源泉税等

1　法第39条の2（外国子会社から受ける配当等に係る外国源泉税等の損金不算入）に規定する政令で定める場合は、同条に規定する剰余金の配当等の額の計算の基礎となる同条に規定する外国子会社の所得のうち内国法人に帰せられるものとして計算される金額を課税標準として当該内国法人に対して外国法人税（法第69条第1項（外国税額の控除）に規定する外国法人税をいう。次項において同じ。）が課される場合（その課された日の属する事業年度において当該外国子会社から当該剰余金の配当等の額を受けていない場合に限る。）とする。

2　法第39条の2に規定する政令で定める外国法人税の額は、同条に規定する剰余金の配当等の額の計算の基礎となった同条に規定する外国子会社の所得のうち内国法人に帰せられるものとして計算される金額を課税標準として当該内国法人に対して課される外国法人税の額とする。

4 通　達

法通9-5-5	内国法人に帰せられるものとして計算される金額を課税標準として当該内国法人に対して課せられる外国法人税

令第78条の3第1項及び第2項《外国子会社から受ける配当等に係る外国源泉税等》に規定する外国法人税には、その所在地国でいわゆるパス・スルー課税が適用される事業体で、我が国においては外国法人に該当するものの所得のうち、その所在地国において構成員である内国法人に帰せられるものとして計算される金額に対して課される外国法人税が含まれる。

【解　説】

　例えば、米国のリミテッド・ライアビリティー・カンパニー（以下「米国LLC」という）については、米国の税務上、法人課税又はパス・スルー課税のいずれの選択を行ったかにかかわらず、原則的には我が国の税務上、「外国法人」と

して取り扱うのが相当であるとされているところ（国税庁ホームページ「米国LLCに係る税務上の取扱い」）、その米国LLCから構成員である内国法人が受ける利益の分配は、我が国の税務上、子会社からの配当として取り扱われることとなる。また、米国の税制では、パス・スルー課税を選択した場合、米国LLCの利益分配時には源泉徴収されず、その構成員が米国の非居住者である場合には、その前段階であるその所得の分配額が確定した段階で構成員に対し課税が行われるが、このような分配確定段階において課される外国法人税の額についても、その米国LLCが外国子会社配当益金不算入制度の適用対象となる外国子会社に当たる場合には、損金不算入となる外国源泉税等の額に該当することとなる[7]。

7）趣旨説明（2009）

別　表

外国子会社から受ける配当等の益金不算入等に関する明細書			事業年度又は連結事業年度	・・ ・・	法人名	（　　　　　　　）

別表八(二)　令三・四・一以後終了事業年度又は連結事業年度分

外国子会社の名称等				
	名　　　　　　　　　　称	1		
	本店又は主たる事務所の所在する国又は地域 国　名　又　は　地　域　名	2		
	所　　在　　地	3		
	主　た　る　事　業	4		
	発　行　済　株　式　等　の　保　有　割　合	5	％　　％　　％　　％	
	発　行　済　株　式　等　の　連　結　保　有　割　合	6	％　　％　　％　　％	
	支　払　義　務　確　定　日	7	・・　　・・　　・・　　・・	
	支　払　義　務　確　定　日　ま　で　の　保　有　期　間	8		
	剰　余　金　の　配　当　等　の　額	9	（　　）円（　　）円（　　）円（　　）円	
	(9)の剰余金の配当等の額に係る外国源泉税等の額	10	（　　）円（　　）円（　　）円（　　）円	

益金不算入額等の額の計算対象とならない損金算入配当等	法第23条の2第2項第1号に掲げる剰余金の配当等の額の該当の有無	11	有・無　　有・無　　有・無　　有・無
	法第23条の2第3項又は第4項の適用の有無	12	有・無　　有・無　　有・無　　有・無
損金算入配当等の額の益金不算入の対象の計算	(9)の元本である株式又は出資の総数又は総額につき外国子会社により支払われた剰余金の配当等の額	13	（　　）円（　　）円（　　）円（　　）円
	(13)のうち外国子会社の所得の金額の計算上損金の額に算入された金額	14	（　　）円（　　）円（　　）円（　　）円
	損金算入対応受取配当等の額 $(9) \times \dfrac{(14)}{(13)}$	15	（　　）円（　　）円（　　）円（　　）円
	益金不算入の対象とならない損金算入配当等の額 (9) 又は (15)	16	益金算入（法法23の2②一・③）
	(16)に対応する外国源泉税等の額 $((10)$ 又は $(10) \times \dfrac{(14)}{(13)})$	17	（　　）円（　　）円（　　）円（　　）円
益金不算入額等の計算	剰　余　金　の　配　当　等　の　額　に　係　る　費　用　相　当　額 $((9) - (16)) \times 5\%$	18	
	法第23条の2の規定により益金不算入とされる剰余金の配当等の額 (9) - (16) - (18)	19	95％益金不算入 （法法23の2①）
	措置法第66条の8第2項若しくは第9項又は第68条の92第2項若しくは第9項の規定により益金不算入とされる剰余金の配当等の額 （別表十七(三の七)「23」+「24」）	20	「19」欄に掲げる剰余金の配当等の額のうち、特定課税対象金額等まで＋5％益金不算入 （令和4年4月1日時点の措法66の8②⑧）
	(16)のうち措置法第66条の8第3項若しくは第10項又は第68条の92第3項若しくは第10項の規定により益金不算入とされる損金算入配当等の額 （別表十七(三の七)「25」）	21	損金算入配当等の額のうち、特定課税対象金額等まで100％益金不算入 （令和4年4月1日時点の措法66の8③⑨）
	(9)のうち益金不算入とされる剰余金の配当等の額 (19) + (20) + (21)	22	
	法第39条の2の規定により損金不算入とされる外国源泉税等の額 (10) - (17)	23	損金不算入 （法法39の2）
	(23)のうち措置法第66条の8第16項又は第68条の92第16項の規定により損金不算入の対象外とされる外国源泉税等の額 （別表十七(三の七)「28」）	24	損金不算入の対象外 （令和4年4月1日時点の措法66の8⑭）
	(10)のうち損金不算入とされる外国源泉税等の額 (23) - (24) （マイナスの場合は0）	25	損金不算入 （措法66の8⑭による読替え後の法法39の2）
	益　金　不　算　入　と　さ　れ　る　剰　余　金　の　配　当　等　の　額　の　合　計 （「22」欄の合計）	26	円
	損　金　不　算　入　と　さ　れ　る　外　国　源　泉　税　等　の　額　の　合　計 （「25」欄の合計）	27	

別表八（二）の記載について

1　「10」欄は、外国子会社から受ける剰余金の配当等の額に係る法法39の2《外国子会社から受ける配当等に係る外国源泉税等の損金不算入》に規定する外国源泉税等の額を記載する[8)]。

2　「13」から「15」までの各欄は、外国子会社から受ける損金算入配当の額について法法23の2③（実額法）又は法法23の2④（実額法の適用を受けた後に損金算入対応受取配当等の額が増額された場合）の規定を適用する場合に記載する[9)]。

3　「16」欄は、外国子会社から受ける損金算入配当の額について法法23の2③（実額法）又は法法23の2④（実額法の適用を受けた後に損金算入対応受取配当等の額が増額された場合）の規定を適用する場合には、次の算式により計算した金額を記載し、これらの規定を適用しない場合には、剰余金の配当等の額を記載する[10)]。
《算式》

$$剰余金の配当等の額 \times \frac{分母の剰余金の配当等の額のうち外国子会社の所得の金額の計算上損金の額に算入された金額}{剰余金の配当等の額の元本である株式又は出資の総数又は総額につき外国子会社により支払われた剰余金の配当等の額}$$

4　「17」欄は、外国子会社から受ける損金算入配当の額について法法23の2③（実額法）又は法法23の2④（実額法の適用を受けた後に損金算入対応受取配当等の額が増額された場合）の規定を適用する場合には、次の算式により計算した金額を記載し、これらの規定を適用しない場合には、剰余金の配当等の額に係る外国源泉税等の額を記載する[11)]。

8）記載要領8（2）—5
9）記載要領8（2）—7
10）記載要領8（2）—8
11）記載要領8（2）—9

《算式》

$$\text{剰余金の配当等の額に} \atop \text{係る外国源泉税等の額} \times \frac{\text{分母の剰余金の配当等の額のうち外国子会社の} \atop \text{所得の金額の計算上損金の額に算入された金額}}{\text{剰余金の配当等の額の元本である株式又は出資の} \atop \text{総数又は総額につき外国子会社により支払われた} \atop \text{剰余金の配当等の額}}$$

5　外国子会社合算税制との二重課税調整がない場合には、法法39の2の規定により損金不算入とされる外国源泉税等の額は、「『10』欄の金額－『17』欄の金額」となるので、これを「23」欄及び「25」欄に記載する。

6　外国子会社合算税制との二重課税調整がある場合には、「24」欄に、別表十七（三の七）「28」欄の金額を転記する。

7　外国子会社合算税制との二重課税調整がある場合には、措法66の8⑭により読み替えて適用される法法39の2の規定により損金不算入とされる外国源泉税等の額は、「『23』欄の金額－『24』欄の金額」となるので、これを「25」欄に記載する。

特定課税対象金額等又は特定個別課税対象金額等がある場合の外国法人から受ける配当等の益金不算入額等の計算に関する明細書

事業年度又は連結事業年度	・　・ ・　・	法人名	

外国法人の名称	1		本店又は主たる事務所の所在	国名又は地域名	3
外国法人の事業年度	2	・　・ ・　・		所在地	4

項目						計
支払義務確定日	5	・　・	・　・	・　・	・　・	計
支払義務確定日までの保有期間	6					
発行済株式等の保有割合	7	%	%	%	%	
発行済株式等の連結保有割合	8	%	%	%	%	
剰余金の配当等の額	9					
(9)に係る外国源泉税等の額	10					
(9)が当該配当等に係る場合: (9)のうち外国子会社配当益金不算入の対象とならない損金算入配当等の額 (別表八(二)「16」)	11	益金算入（法法23の２②）				
(9)が当該配当等に係る場合: 外国子会社配当益金不算入の対象となる剰余金の配当等の額 (9) − (11)	12	95%益金不算入（法法23の２①）				
特定課税対象金額又は特定個別課税対象金額	13	(31)の合計	(17)の①	(17)の②	(17)の③	
((9)又は(12))と(13)のうち少ない金額	14	特定課税対象金額に達するまで＋５%益金不算入				
差引 (13) − (14)	15					
(11)と(15)のうち少ない金額	16	特定課税対象金額に達するまで100%益金不算入				
差引 (15) − (16)	17	①	②	③		
間接特定課税対象金額又は間接特定個別課税対象金額	18	(別表十七(三の八)「23」)	(22)の①	(22)の②	(22)の③	
((9)又は(12))と(18)のうち少ない金額	19	間接課税対象金額に達するまで＋５%益金不算入				
差引 (18) − (19)	20					
(11)と(20)のうち少ない金額	21	間接課税対象金額に達するまで100%益金不算入				
差引 (20) − (21)	22	①	②	③		
益金不算入額の計算: 損金算入配当以外の外国子会社配当に係る益金不算入額 (14)×5%＋(19)×5%	23	令和４年４月１日時点の措法66の８②⑧				
益金不算入額の計算: 損金算入配当 (14)×5%＋(19)×5%	24					
益金不算入額の計算: 損金算入配当 (16)＋(21)	25	令和４年４月１日時点の措法66の８③⑨				
益金不算入額の計算: 損金算入配当 益金不算入額 (24)＋(25)	26	(　　円)	(　　円)	(　　円)	(　　円)	
益金不算入額の計算: 上記以外の配当に係る益金不算入額 (14)＋(19)	27	令和４年４月１日時点の措法66の８①③⑦⑨				円
(23)及び(24)に係る外国源泉税等の額 (10)又は$\left((10)\times\frac{(14)+(19)}{(9)}\right)$	28	令和４年４月１日時点の措法66の８⑭				

特定課税対象金額又は特定個別課税対象金額の明細

請求権等勘案直接保有株式等の保有割合	29	%	当期発生額 (別表十七(三の二)「26」、別表十七(三の三)「7」又は別表十七(三の四)「9」)×(29)	30

事業年度又は連結事業年度	前期繰越額又は当期発生額 31	当期控除額 32	翌期繰越額 (31) − (32) 33
・　・			
・　・			
・　・			
・　・			
・　・			
・　・			
・　・			
・　・			
・　・			
・　・			
計			
当期分	(30)		
合計			

別表十七(三の七)　令三・四・一以後終了事業年度又は連結事業年度分

別表十七（三の七）の記載について

1　「14」欄の記載に当たっては、次による[12]。

内国法人が外国法人から受ける損金算入配当以外の剰余金の配当等の額		内国法人が外国法人から受ける損金算入配当の額
(1)	措法66の8①〜③の規定の適用を受ける場合 →「9」欄の金額と「13」欄の金額のうち少ない金額を記載する。	—
(2)	その剰余金の配当等の額につき既に措法66の8⑦〜⑨の規定の適用を受けた場合 →「『9』欄の金額−『19』欄の金額」と「13」欄の金額のうち少ない金額を記載する。	—
(3)	—	措法66の8②③の規定の適用を受ける場合 →「12」欄の金額と「13」欄の金額のうち少ない金額を記載する。
(4)	—	その剰余金の配当等の額につき既に措法66の8⑧⑨の規定の適用を受けた場合 →「『12』欄の金額−『19』欄の金額」と「13」欄の金額のうち少ない金額を記載する。

2　「16」欄は、「11」欄の金額と「15」欄の金額のうち少ない金額を記載する。ただし、内国法人が外国法人から受ける損金算入配当の額について措法66の8③の規定の適用を受ける場合（その剰余金の配当等の額につき既に措法66の8⑨の規定の適用を受けた場合に限る）にあっては、「『11』欄の金額−『21』欄の金額」と「15」欄の金額のうち少ない金額を記載する[13]。

---

12) 記載要領17（3の7）—5
13) 記載要領17（3の7）—6

※１　措法66の８③
※２　措法66の８②・法法23の２①

３　「19」欄の記載に当たっては、次による[14)]。

	内国法人が外国法人から受ける損金算入配当以外の剰余金の配当等の額	内国法人が外国法人から受ける損金算入配当の額
(1)	措法66の８⑦～⑨の規定の適用を受ける場合 →「９」欄の金額と「18」欄の金額のうち少ない金額を記載する。	—
(2)	その剰余金の配当等の額につき既に措法66の８①～③の規定の適用を受けた場合 →「『９』欄の金額－『14』欄の金額」と「18」欄の金額のうち少ない金額を記載する。	—
(3)	—	措法66の８⑧⑨の規定の適用を受ける場合 →「12」欄の金額と「18」欄の金額のうち少ない金額を記載する。
(4)	—	その剰余金の配当等の額につき既に措法66の８②③の規定の適用を受けた場合 →「『12』欄の金額－『14』欄の金額」と「18」欄の金額のうち少ない金額を記載する。

４　「21」欄は、「11」欄の金額と「20」欄の金額のうち少ない金額を記載する。ただし、内国法人が外国法人から受ける損金算入配当の額について措法66の８⑨の規定の適用を受ける場合（その剰余金の配当等の額につき既に措法66の８③の規定の適用を受けた場合に限る）にあっては、「『11』欄の金額－『16』欄の金額」と「20」

14）記載要領17（３の７）—８

欄の金額のうち少ない金額を記載する[15]。

「9」欄の金額	「11」欄の金額				100%益金算入
	「12」欄の金額	「18」欄の金額	「20」欄の金額	「21」欄の金額	100%益金不算入（※1）
			「19」欄の金額		100%益金不算入（※2）

※ 1　措法66の 8 ⑨

※ 2　措法66の 8 ⑧・法法23の 2 ①

5　「28」欄は、事業年度開始日に応じ、次のとおり記載する[16]。

(1)　令和 3 年 4 月 1 日以後に開始する事業年度

　　　次の算式により計算した金額を記載する。

　《算式》

$$\text{「10」欄の金額} \times \frac{\text{「14」欄の金額 ＋ 「19」欄の金額}}{\text{「9」欄の金額}}$$

(2)　令和 3 年 4 月 1 日前に開始した事業年度

　　　「10」欄の金額を記載する。

---

15) 記載要領17（ 3 の 7 ）― 9

16) 記載要領17（ 3 の 7 ）―12

━━━━━━ 計算例 ━━━━━━

以下、内国法人Ｐ社が外国子会社Ｓ社から通常の剰余金の配当等の額150（外国源泉税15）の支払を受けたケースについて、Ｐ社における計算例を示す。

なお、(1)及び(2)の各ケースは、それぞれ次のことを前提とする。

	Ｓ社のステータス	外国子会社合算税制との二重課税調整
(1)	外国子会社に該当	なし
(2)		あり（特定課税対象金額100）

(1)　外国子会社合算税制との二重課税調整なし

外国源泉税の額の全額（15）を、Ｐ社の所得の金額の計算上、損金の額に算入しない。

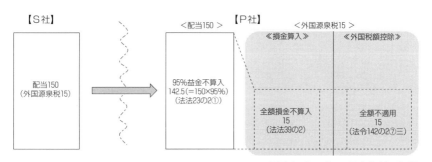

（財務省（2021）846頁を参考に作成）

(2)　外国子会社合算税制との二重課税調整あり

Ｓ社から受ける配当等の額（150）に係る外国源泉税の額（15）は、その配当等の額のうち外国子会社合算税制との二重課税調整の対象とされる金額（100）に対応する部分（15×100／150＝10）に限り、損金の額に算入する。

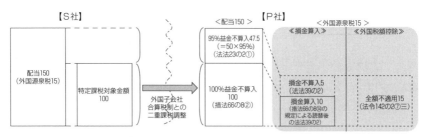

（財務省（2021）846頁を一部加工）

法令142の2 ⑦三・⑧一二

外国税額控除の対象とならない
外国法人税の額

本セクションの構成

1 解 説
2 趣 旨
3 通 達
別 表
計算例

法令142の2	外国税額の控除

7 法第69条第1項に規定する内国法人の法人税に関する法令の規定により法人
税が課されないこととなる金額を課税標準として外国法人税に関する法令によ
り課されるものとして政令で定める外国法人税の額は、次に掲げる外国法人税
の額とする。
一・二 （略）

　三　法第23条の２第１項に規定する外国子会社から受ける同項に規定する剰余金の配当等の額（以下この号において「剰余金の配当等の額」といい、同条第２項の規定の適用を受ける部分の金額を除く。）に係る外国法人税の額（剰余金の配当等の額を課税標準として課される外国法人税の額に限るものとし、剰余金の配当等の額（同条第２項の規定の適用を受ける部分の金額を除く。）の計算の基礎となった同条第１項に規定する外国子会社の所得のうち内国法人に帰せられるものとして計算される金額を課税標準として当該内国法人に対して課される外国法人税の額を含む。）

　四～六　（略）

8　法第69条第１項に規定するその他政令で定める外国法人税の額は、次に掲げる外国法人税の額とする。

　一　外国法人（租税特別措置法第66条の８第１項又は第７項に規定する外国法人に限る。以下この号において同じ。）から受けるこれらの規定に規定する剰余金の配当等の額（以下この号において「剰余金の配当等の額」といい、これらの規定の適用を受ける部分の金額に限る。）に係る外国法人税の額（剰余金の配当等の額を課税標準として課される外国法人税の額及び剰余金の配当等の額の計算の基礎となった外国法人の所得のうち内国法人に帰せられるものとして計算される金額を課税標準として当該内国法人に対して課される外国法人税の額に限る。）

　二　外国法人から受ける租税特別措置法第66条の８第３項又は第９項に規定する剰余金の配当等の額（以下この号において「剰余金の配当等の額」といい、これらの規定の適用を受ける部分の金額に限る。）に係る外国法人税の額（剰余金の配当等の額を課税標準として課される外国法人税の額及び剰余金の配当等の額の計算の基礎となった外国法人の所得のうち内国法人に帰せられるものとして計算される金額を課税標準として当該内国法人に対して課される外国法人税の額に限る。）

　三～五　（略）

Point

①　外国子会社から受ける配当等の額に係る外国源泉税等の額については、外国税額控除の適用を認めない。

②　持株割合25％未満の外国法人から受ける配当等の額に係る外国源泉税

等の額は、その配当等の額のうち外国子会社合算税制との二重課税調整の対象とされない金額に対応する部分に限り、外国税額控除の適用を認める。

③　持株割合25％以上の外国法人から受ける損金算入配当等の額に係る外国源泉税等の額は、その損金算入配当等の額のうち外国子会社合算税制との二重課税調整の対象とされない金額に対応する部分に限り、外国税額控除の適用を認める。

1　解　説

(1)　原　則

外国子会社から受ける**剰余金の配当等の額**[1]（注1）に係る外国法人税の額（注2）については、外国税額控除の適用はないこととされている。

> （注1）　法法23の2②（益金不算入の対象とならない損金算入配当等）により益金不算入の対象とならない部分の金額を除く。
>
> （注2）　剰余金の配当等の額を課税標準として課される外国法人税の額に限るものとし、剰余金の配当等の額（注1）の計算の基礎となった**外国子会社**[2]の所得のうち内国法人に帰せられるものとして計算される金額を課税標準として当該内国法人に対して課される外国法人税の額を含む。

(2)　特　例

イ　特定課税対象金額等を有する内国法人が外国法人から受ける剰余金の配当等の額に係る取扱い

　(イ)　持株割合25％未満の外国法人から受ける剰余金の配当等の額

　　　措法66の8①は、内国法人が外国法人（注1）から受ける剰余金の配当等の額がある場合には、当該剰余金の配当等の額のうち当該外国法人に係

1）法法23の2①
2）法法23の2①

る特定課税対象金額（すなわち、内国法人の剰余金の配当等の額を受ける日を含む事業年度及び当該事業年度開始の日前10年以内に開始した各事業年度においてその外国関係会社につき合算対象とされた金額の合計額[3]）に達するまでの金額は、100％益金不算入とする旨規定している。

また、措法66の８⑦は、内国法人が外国法人（注１）から受ける剰余金の配当等の額がある場合には、当該剰余金の配当等の額（注２）のうち当該外国法人に係る間接特定課税対象金額に達するまでの金額は、100％益金不算入とする旨規定している。

（注１）　法法23の２①（外国子会社から受ける配当等の益金不算入）に規定する外国子会社に該当するものを除く。
（注２）　措法66の８①の適用を受ける部分の金額を除く。

(ロ)　持株割合25％以上の外国法人から受ける損金算入配当等の額

措法66の８③は、内国法人が外国法人から受ける損金算入配当等の額（注１）がある場合には、当該損金算入配当等の額のうち当該外国法人に係る特定課税対象金額に達するまでの金額は、100％益金不算入とする旨規定している。

また、措法66の８⑨は、内国法人が外国法人から受ける損金算入配当等の額（注１）がある場合には、当該損金算入配当等の額（注２）のうち当該外国法人に係る間接特定課税対象金額に達するまでの金額は、100％益金不算入とする旨規定している。

（注１）　法法23の２②（益金不算入の対象とならない損金算入配当等）により益金不算入の対象とならない部分の金額に限る。
（注２）　措法66の８③の適用を受ける部分の金額を除く。

3）財務省（2015）697頁

ロ　外国子会社配当益金不算入制度の適用を受けない剰余金の配当等の額につき外国子会社合算税制との二重課税調整規定の適用を受ける場合の外国源泉税等の額に係る外国税額控除

(イ)　持株割合25%未満の外国法人から受ける剰余金の配当等の額に係る外国法人税の額

外国法人（注1）から受ける剰余金の配当等の額（措法66の8①又は措法66の8⑦の規定の適用を受ける部分の金額に限る）に係る外国法人税の額（注2）については、外国税額控除の適用はないこととされている。

（注1）　法法23の2①（外国子会社から受ける配当等の益金不算入）に規定する外国子会社に該当するものを除く。

（注2）　❶剰余金の配当等の額を課税標準として課される外国法人税の額及び❷剰余金の配当等の額の計算の基礎となった外国法人の所得のうち内国法人に帰せられるものとして計算される金額を課税標準として当該内国法人に対して課される外国法人税の額に限る。

(ロ)　持株割合25%以上の外国法人から受ける損金算入配当等の額に係る外国法人税の額

外国法人から受ける損金算入配当等の額（措法66の8③又は措法66の8⑨の規定の適用を受ける部分の金額に限る）に係る外国法人税の額（注）については、外国税額控除の適用はないこととされている。

（注）　❶剰余金の配当等の額を課税標準として課される外国法人税の額及び❷剰余金の配当等の額の計算の基礎となった外国法人の所得のうち内国法人に帰せられるものとして計算される金額を課税標準として当該内国法人に対して課される外国法人税の額に限る。

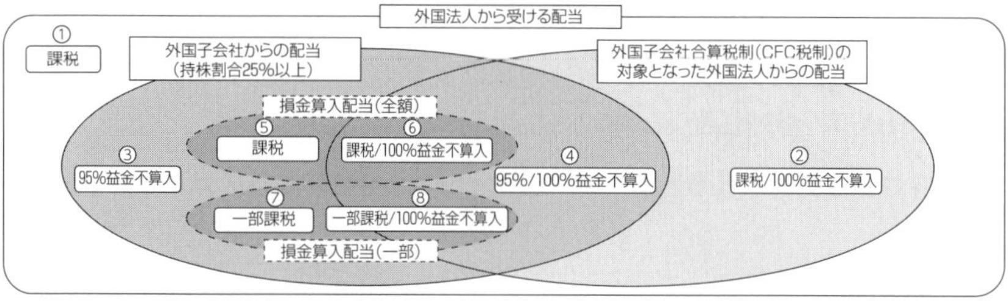

		外国法人から受ける配当（原則）			外国子会社合算税制の対象となった外国法人からの配当（特例）		
		受取配当に係る課税	受取配当に係る外国源泉税	受取配当に係る外国源泉税についての外税控除	受取配当に係る課税に関する特例	受取配当に係る外国源泉税	受取配当に係る外国源泉税についての外税控除
持株割合25%未満（ベン図①）		課税	（損金算入）*	あり			
持株割合25%未満＆CFC 課税（ベン図②）		課税	（損金算入）	あり	100%益金不算入（注1）（措法66の8①⑦）	【特定課税対象金額等まで】（損金算入） 【上記以外】（損金算入）*	【特定課税対象金額等まで】なし（法令142の2⑧一） 【上記以外】あり
持株割合25%以上（ベン図③）		95%益金不算入（法法23の2①）	損金不算入（法法39の2）	なし（法令142の2⑦三）			
持株割合25%以上＆CFC 課税（ベン図④）		95%益金不算入（法法23の2①）	損金不算入（法法39の2）	なし（法令142の2⑦三）	＋5%益金不算入（注1）（措法66の8②⑧）	【特定課税対象金額等まで】損金算入（措法66の8⑭） 【上記以外】損金不算入（法法39の2）	なし（法令142の2⑦三）
全額損金算入配当（持株割合25%以上）	全額損金算入（ベン図⑤）	課税（法法23の2②）	（損金算入）*	あり			
	＆CFC 課税（ベン図⑥）	課税（法法23の2②）	（損金算入）	あり	100%益金不算入（注1）（措法66の8③⑨）	【特定課税対象金額等まで】（損金算入） 【上記以外】（損金算入）*	【特定課税対象金額等まで】なし（法令142の2⑧二） 【上記以外】あり
一部損金算入配当（持株割合25%以上）	支払国において損金算入された部分（ベン図⑦）	課税（法法23の2②③）	（損金算入）*	あり			
	支払国において損金算入された部分（＆CFC 課税）（ベン図⑧）	課税（法法23の2②③）	（損金算入）	あり	100%益金不算入（注1）（措法66の8③⑨）	【特定課税対象金額等まで】（損金算入） 【上記以外】（損金算入）*	【特定課税対象金額等まで】なし（法令142の2⑧二） 【上記以外】あり
	支払国において損金算入されなかった部分（ベン図⑦）	95%益金不算入（法法23の2①）	損金不算入（法法39の2）	なし（法令142の2⑦三）			
	支払国において損金算入されなかった部分（＆CFC 課税）（ベン図⑧）	95%益金不算入（法法23の2①）	損金不算入（法法39の2）	なし（法令142の2⑦三）	＋5%益金不算入（注1）（措法66の8②⑧）	【特定課税対象金額等まで】損金算入（措法66の8⑭） 【上記以外】損金不算入（法法39の2）	なし（法令142の2⑦三）

（*）　外国税額控除を行う場合には、グロスアップのため損金不算入となる（法法41）。
（注1）　当期及び過去10年内の合算課税額の範囲内で100%免除。合算課税額を超える部分は、原則どおり、課税 or 95%益金不算入。
（注2）　特定課税対象金額等とは、特定課税対象金額と間接特定課税対象金額の合計額をいう。

（財務省（2021）847頁を一部加工）

2　趣旨

(1)　原則

　外国子会社配当益金不算入制度において、外国子会社から受ける剰余金の配当等の額は、我が国において課税しないこととされている。その剰余金の配当等の額に対して課される外国源泉税等の額については、二重課税調整をする必要がないことから、外国税額控除の対象から除外されている[4]。

(2)　特例

　持株割合25％未満等の外国法人から受ける剰余金の配当等の額及び損金算入配当等の額については、特定課税対象金額を超える部分が益金算入とされる。しかしながら、令和3年度税制改正前の取扱いにおいては、剰余金の配当等の額に係る外国源泉税等の額の全額が外国税額控除の対象外とされており、国際的二重課税が生じ得る状況となっていた。

　このような取扱いは、外国源泉税等の額が剰余金の配当等の額の全額を課税標準として課されるものであるとの考え方を重視したものと解される。

　他方、平成27年度税制改正以降、損金算入配当金額に係る外国源泉税等の額のうち、配当法人の本店所在地国で剰余金の配当等の額が損金算入される部分に対応する金額について、損金算入することが認められている。

　こうした状況を踏まえ、費用収益対応や国際的二重課税調整をより適切に行う観点からは、外国源泉税等の額について、それぞれ外国子会社合算税制による合算所得金額に対応する部分を区分して外国税額控除の可否を判定することも許容されるものと考えられ、令和3年度税制改正において、法令142の2⑧一・二の改正が行われたものである[5]。

4）財務省（2009）438頁
5）財務省（2021）844頁

3 通達

法通16-3-36	内国法人に帰せられるものとして計算される金額を課税標準として当該内国法人に対して課される外国法人税の額

令第142条の2第7項第3号及び第8項第1号から第4号まで《外国税額控除の対象とならない外国法人税の額》に規定する「内国法人に帰せられるものとして計算される金額を課税標準として当該内国法人に対して課される外国法人税の額」には、例えばその所在地国でいわゆるパス・スルー課税が適用される事業体で、我が国においては外国法人に該当するものの所得のうち、その所在地国において構成員である内国法人に帰せられるものとして計算される金額に対して課される外国法人税の額が該当する。

【解 説】

　例えば、米国のリミテッド・ライアビリティー・カンパニー(以下「**米国LLC**」という）については、米国の税務上、法人課税又はパス・スルー課税のいずれの選択を行ったかにかかわらず、原則的には我が国の税務上、「外国法人」として取り扱うのが相当であるとされているところ（国税庁ホームページ「米国LLCに係る税務上の取扱い」)、その米国LLCから構成員である内国法人が受ける利益の分配は、我が国の税務上、子会社からの配当として取り扱われることとなる。また、米国の税制では、パス・スルー課税を選択した場合、米国LLCの利益分配時には源泉徴収されず、その構成員が米国の非居住者である場合には、その前段階であるその所得の分配額が確定した段階で構成員に対し課税が行われるが、このような分配確定段階において課される外国法人税の額についても、法令142の2⑦三・⑧一～四に規定する外国法人税の額に含まれることとなり、外国税額控除の対象とならないこととなる[6]。

6）趣旨説明（2009）

別　表

外国子会社配当益金不算入の対象とならない剰余金の配当等の額のうち特定課税対象金額等を超える金額等に対応する控除対象外国法人税額又は個別控除対象外国法人税額に関する明細書				事業年度又は連結事業年度	： ：	法人名	(			)

別表六四の二　令三・四・一以後終了事業年度又は連結事業年度分

外国法人の名称等	名　　　　　　　称	1						
	本店又は主たる事務所の所在	国　名　又　は　地　域　名	2					
		所　　　在　　　地	3					
	発 行 済 株 式 等 の 保 有 割 合	4		%	%	%	%	%
	発 行 済 株 式 等 の 連 結 保 有 割 合	5		%	%	%	%	%
剰余金の配当等に係る外国法人税額	税　　　　　種　　　　　目	6						
	納 付 確 定 日 又 は 納 付 日	7		・　・	・　・	・　・	・　・	・　・
	課　　税　　標　　準	8						
	税　　　　　　　　率	9		%	%	%	%	%
	税　　　　　　　　額 (8) × (9)	10						
納付したものとみなされる外国法人税額	みなし納付の基礎となる条約及び相手国の法令の根拠規定	11						
	(11) の 規 定 の 適 用 が な い も の と し た 場 合 の 外 国 法 人 税 額 (8) × 税率	12		(%)	(%)	(%)	(%)	(%)
	み な し 納 付 外 国 法 人 税 額 (12) − (10)	13						
控除対象外国法人税額又は個別控除対象外国法人税額		外 国 法 人 税 額 の 合 計 (10) + (13)	14						
	配当を受ける場合	損金算入配当等の額	外国子会社配当益金不算入の対象とならない損金算入配当等の額	15	益金算入（法法23の2②一・③）				
			(15)のうち措置法第66条の8第3項若しくは第10項又は第68条の92第3項若しくは第10項の規定により益金不算入とされる損金算入配当等の額（別表十七(三の七)「25」）	16	特定課税対象金額等まで100%益金不算入（令和4年4月1日時点の措法66の8③⑨）				
			益金算入される損金算入配当等の額 (15) − (16)	17	外国子会社合算税制との二重課税調整規定の適用を受けない部分				
			(14) の う ち (17) に 対 応 す る 金 額	18					
	上記配当以外の剰余金の配当等を受ける場合	措置法第66条の8第1項、第3項、第8項若しくは第10項又は第68条の92第1項、第3項、第8項若しくは第10項の規定により益金不算入とされる剰余金の配当等の額（別表十七(三の七)「27」）	19	特定課税対象金額等まで100%益金不算入（令和4年4月1日時点の措法66の8①③⑦⑨）					
		益金算入される剰余金の配当等の額（別表十七(三の七)「9」）−(19)	20	外国子会社合算税制との二重課税調整規定の適用を受けない部分					
		(14) の う ち (20) に 対 応 す る 金 額	21						
控除対象外国法人税額又は個別控除対象外国法人税額	控 除 対 象 外 国 法 人 税 額 又 は 個 別 控 除 対 象 外 国 法 人 税 額 ((8)×35%と((18)又は(21))のうち少ない金額)	22						
	納付分	(22) × $\frac{(10)}{(14)}$	23	(円)	(円)	(円)	(円)	(円)
	みなし納付分	(22) − (23)	24	(円)	(円)	(円)	(円)	(円)
	納 付 し た 控 除 対 象 外 国 法 人 税 額 又 は 個 別 控 除 対 象 外 国 法 人 税 額 ((23)欄の合計)	25						円
	納付したとみなされる控除対象外国法人税額又は個別控除対象外国法人税額((24)欄の合計)	26						

別表六（四の二）の記載について

1　「15」から「18」までの各欄は、内国法人が外国法人から損金算入配当（全部・一部）を受ける場合に記載する。

2　「15」欄は、外国子会社配当益金不算入の対象とならない損金算入配当等の額を記載する。

　　具体的には、外国子会社から受ける損金算入配当の額について法法23の2③（実額法）又は法法23の2④（実額法の適用を受けた後に損金算入対応受取配当等の額が増額された場合）の規定を適用する場合には、次の算式により計算した金額を記載し、これらの規定を適用しない場合には、剰余金の配当等の額を記載する（別表八（二）「16」欄参照）。

　　なお、外国子会社配当益金不算入の対象とならない損金算入配当等の額の計算については、次の算式によらず、合理的な方法によることもでき、この場合には、その金額の計算に関する明細を別紙に記載して添付する[7]。

　　《算式》

$$剰余金の配当等の額 \times \frac{分母の剰余金の配当等の額のうち外国子会社の所得の金額の計算上損金の額に算入された金額}{剰余金の配当等の額の元本である株式又は出資の総数又は総額につき外国子会社により支払われた剰余金の配当等の額}$$

3　「16」欄には、別表十七（三の七）「25」欄の金額を転記する。

4　「17」欄は、「『15』欄の金額－『16』欄の金額」を記載する。

5　「18」欄は、「14」欄の金額（外国法人税額の合計）のうち「17」欄の金額に対応する金額を記載する。

6　「19」から「21」の各欄は、内国法人が持株割合25％未満の外国法人から剰余金の配当等を受ける場合や、内国法人が持株割合25％以上の外国法人による自己株

7）記載要領8（2）－7

式等の取得が予定されている株式等を取得した場合におけるその取得した株式等に係るみなし配当を受けるときに記載する。

7　「19」欄には、別表十七（三の七）「27」欄の金額を転記する。

8　「20」欄は、「別表十七（三の七）『9』欄の金額－別表六（四の二）『19』欄の金額」を記載する。

9　「21」欄は、「14」欄の金額（外国法人税額の合計）のうち「20」欄の金額に対応する金額を記載する。

10　「22」欄は、次に掲げる金額のうち少ないものを記載する。この金額が外国税額控除の対象となる。
　⑴　「8」欄の金額×35％（高率負担の水準）
　⑵　「18」欄の金額又は「21」欄の金額

特定課税対象金額等又は特定個別課税対象金額等がある場合の外国法人から受ける配当等の益金不算入額等の計算に関する明細書

事業年度又は連結事業年度	・　・ ・　・	法人名	

別表十七(三の七)　令三・四・一以後終了事業年度又は連結事業年度分

外国法人の名称	1		本店又は主たる事務所の所在地	国名又は地域名	3	
外国法人の事業年度	2	・　・ ・　・		所在地	4	

支払義務確定日	5	・　・	・　・	・　・	・　・	計
支払義務確定日までの保有期間	6					
発行済株式等の保有割合	7	%	%	%	%	
発行済株式等の連結保有割合	8	%	%	%	%	
剰余金の配当等の額	9					
(9)に係る外国源泉税等の額	10					
(9)が損金算入される配当に該当する場合：(9)のうち外国子会社配当益金不算入の対象とならない損金算入配当等の額 (別表八(二)「16」)	11	益金算入（法法23の2②）				
(9)が損金算入される配当に該当する場合：外国子会社配当益金不算入の対象となる剰余金の配当等の額 (9)－(11)	12	95%益金不算入（法法23の2①）				
特定課税対象金額又は特定個別課税対象金額	13	(31)の合計	(17)の①	(17)の②	(17)の③	
((9)又は(12))と(13)のうち少ない金額	14	特定課税対象金額に達するまで＋5%益金不算入				
差引 (13)－(14)	15					
(11)と(15)のうち少ない金額	16	特定課税対象金額に達するまで100%益金不算入				
差引 (15)－(16)	17	①	②	③		
間接特定課税対象金額又は間接特定個別課税対象金額	18	(別表十七(三の八)「23」)	(22)の①	(22)の②	(22)の③	
((9)又は(12))と(18)のうち少ない金額	19	間接課税対象金額に達するまで＋5%益金不算入				
差引 (18)－(19)	20					
(11)と(20)のうち少ない金額	21	間接課税対象金額に達するまで100%益金不算入				
差引 (20)－(21)	22	①	②	③		
益金不算入額の計算：損金算入配当以外の外国子会社配当に係る益金不算入額 (14)×5%＋(19)×5%	23	令和4年4月1日時点の措法66の8②⑧				
益金不算入額の計算：損金算入配当：(14)×5%＋(19)×5%	24					
益金不算入額の計算：損金算入配当：(16)＋(21)	25	令和4年4月1日時点の措法66の8③⑨				
益金不算入額の計算：損金算入配当：益金不算入額 (24)＋(25)	26	(　　円)	(　　円)	(　　円)	(　　円)	
益金不算入額の計算：上記以外の配当に係る益金不算入額 (14)＋(19)	27	令和4年4月1日時点の措法66の8①③⑦⑨				円
(23)及び(24)に係る外国源泉税等の額 (10)又は$\left((10)\times\frac{(14)+(19)}{(9)}\right)$	28	令和4年4月1日時点の措法66の8⑭				

特定課税対象金額又は特定個別課税対象金額の明細

請求権等勘案直接保有株式等の保有割合	29	%	当期発生額 (別表十七(三の二)「26」、別表十七(三の三)「7」又は別表十七(三の四)「9」)×(29)	30	

事業年度又は連結事業年度	前期繰越額又は当期発生額 31	当期控除額 32	翌期繰越額 (31)－(32) 33
・　・ ・　・			
・　・ ・　・			
・　・ ・　・			
・　・ ・　・			
・　・ ・　・			
・　・ ・　・			
・　・ ・　・			
・　・ ・　・			
・　・ ・　・			
・　・ ・　・			
計			
当期分	(30)		
合計			

別表十七（三の七）の記載について

1　「14」欄の記載に当たっては、次による[8]。

	内国法人が外国法人から受ける損金算入配当以外の剰余金の配当等の額	内国法人が外国法人から受ける損金算入配当の額
(1)	措法66の8①～③の規定の適用を受ける場合 →「9」欄の金額と「13」欄の金額のうち少ない金額を記載する。	—
(2)	その剰余金の配当等の額につき既に措法66の8⑦～⑨の規定の適用を受けた場合 →「『9』欄の金額－『19』欄の金額」と「13」欄の金額のうち少ない金額を記載する。	—
(3)	—	措法66の8②③の規定の適用を受ける場合 →「12」欄の金額と「13」欄の金額のうち少ない金額を記載する。
(4)	—	その剰余金の配当等の額につき既に措法66の8⑧⑨の規定の適用を受けた場合 →「『12』欄の金額－『19』欄の金額」と「13」欄の金額のうち少ない金額を記載する。

2　「16」欄は、「11」欄の金額と「15」欄の金額のうち少ない金額を記載する。ただし、内国法人が外国法人から受ける損金算入配当の額について措法66の8③の規定の適用を受ける場合（その剰余金の配当等の額につき既に措法66の8⑨の規定の適用を受けた場合に限る）にあっては、「『11』欄の金額－『21』欄の金額」と「15」欄の金額のうち少ない金額を記載する[9]。

8）記載要領17（3の7）―5
9）記載要領17（3の7）―6

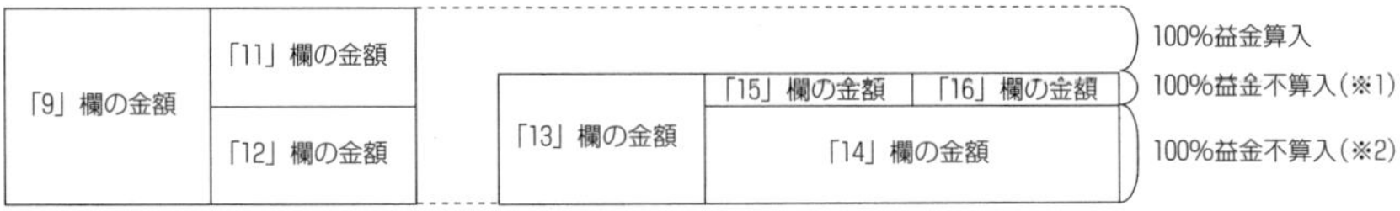
「9」欄の金額
「11」欄の金額
「12」欄の金額
「13」欄の金額
「15」欄の金額
「16」欄の金額
「14」欄の金額
100%益金算入
100%益金不算入(※1)
100%益金不算入(※2)

※１　措法66の８③
※２　措法66の８②・法法23の２①

３　「19」欄の記載に当たっては、次による[10]。

	内国法人が外国法人から受ける損金算入配当以外の剰余金の配当等の額	内国法人が外国法人から受ける損金算入配当の額
(1)	措法66の８⑦～⑨の規定の適用を受ける場合 →「９」欄の金額と「18」欄の金額のうち少ない金額を記載する。	—
(2)	その剰余金の配当等の額につき既に措法66の８①～③の規定の適用を受けた場合 →「『９』欄の金額－『14』欄の金額」と「18」欄の金額のうち少ない金額を記載する。	—
(3)	—	措法66の８⑧⑨の規定の適用を受ける場合 →「12」欄の金額と「18」欄の金額のうち少ない金額を記載する。
(4)	—	その剰余金の配当等の額につき既に措法66の８②③の規定の適用を受けた場合 →「『12』欄の金額－『14』欄の金額」と「18」欄の金額のうち少ない金額を記載する。

４　「21」欄は、「11」欄の金額と「20」欄の金額のうち少ない金額を記載する。ただし、内国法人が外国法人から受ける損金算入配当の額について措法66の８⑨の規定の適用を受ける場合（その剰余金の配当等の額につき既に措法66の８③の規定の適用を受けた場合に限る）にあっては、「『11』欄の金額－『16』欄の金額」と「20」

10）記載要領17（３の７）—８

欄の金額のうち少ない金額を記載する[11]。

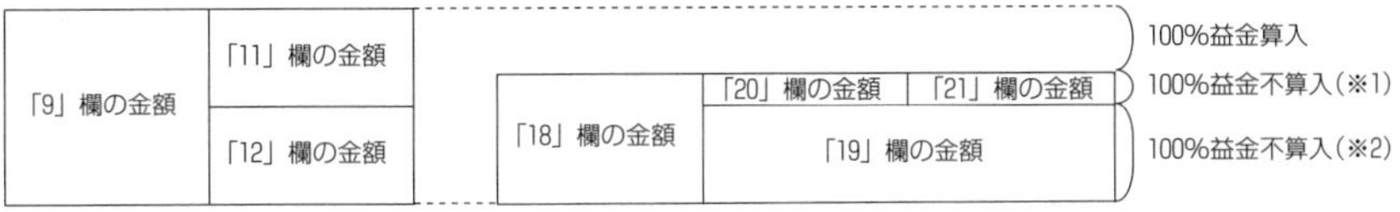
「9」欄の金額
「11」欄の金額
「12」欄の金額
「18」欄の金額
「20」欄の金額
「21」欄の金額
「19」欄の金額
100%益金算入
100%益金不算入（※1）
100%益金不算入（※2）

※１　措法66の８⑨

※２　措法66の８⑧・法法23の２①

5　「25」欄は、「16」欄の金額と「21」欄の金額の合計額を記載する。

6　「27」欄は、外国法人から受ける剰余金の配当等の額（損金算入配当の額を除く）のうち、措法66の８①③⑦⑨の規定により益金の額に算入されない金額の合計額を記載する[12]。具体的には、「14」欄の金額と「19」欄の金額の合計額を記載する。

11）記載要領17（３の７）―９

12）記載要領17（３の７）―11

━━━━━━━━━━　**計算例**　━━━━━━━━━━

　以下、内国法人 P 社が外国法人 S 社から剰余金の配当等の額150（外国源泉税15）の支払を受けたケースについて、P 社における計算例を示す。

　なお、⑴から⑶までの各ケースは、それぞれ次のことを前提とする。

	S 社のステータス	S 社から受ける配当	外国子会社合算税制との二重課税調整
⑴	外国子会社に該当	通常の配当	なし
⑵	外国子会社に非該当	通常の配当	あり（特定課税対象金額100）
⑶	外国子会社に該当	（全額）損金算入配当	あり（特定課税対象金額100）

⑴　外国子会社合算税制との二重課税調整なし（外国子会社該当、通常の配当）

　外国源泉税の額の全額（15）について、外国税額控除の適用がない。

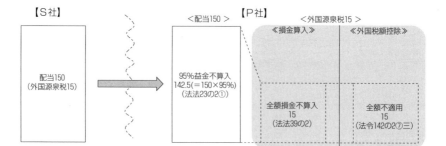

（財務省（2021）846頁を参考に作成）

⑵　外国子会社合算税制との二重課税調整あり（外国子会社非該当、通常の配当）

　S 社から受ける配当等の額（150）に係る外国源泉税の額（15）については、その配当等の額のうち外国子会社合算税制との二重課税調整の対象とされない金額（50）に対応する部分（15×50／150＝ 5 ）に限り、外国税額控除の適用が

ある。

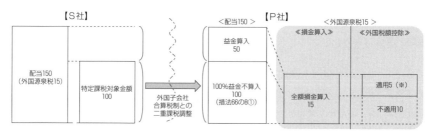

（※）外国税額控除の適用を受ける場合には、その対象となる外国源泉税等の額は損金不算入となる。

（財務省（2021）846頁を一部加工）

⑶　外国子会社合算税制との二重課税調整あり（外国子会社該当、（全額）損金算入配当）

　S社から受ける損金算入配当の額（150）に係る外国源泉税の額（15）については、その損金算入配当の額のうち外国子会社合算税制との二重課税調整の対象とされない金額（50）に対応する部分（15×50／150＝5）に限り、外国税額控除の適用がある。

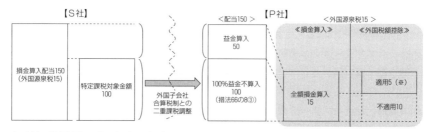

（※）外国税額控除の適用を受ける場合には、その対象となる外国源泉税等の額は損金不算入となる。

（財務省（2021）846頁を一部加工）

《著者紹介》

梅本 淳久 (うめもと あつひさ)

デロイト トーマツ税理士法人
タックス コントラバーシーチーム　マネジャー
公認会計士・米国公認会計士
司法書士試験合格

　デロイト トーマツ税理士法人に入社後、税務申告業務、国際税務コンサルティング業務を経験し、現在は、相談・審査請求・教育研修などの業務に従事している。民間専門家として、国税審判官（特定任期付職員）に登用され、国際課税担当として、国際課税事件の調査・審理を行った経験を有する。京都大学理学部卒。

〔主な著書・寄稿記事〕
『新版【法律・政省令並記】逐条解説　外国子会社合算税制』
『【法律・政省令並記】逐条解説　外国税額控除―グループ通算制度・外国子会社合算税制対応―』
『【法律・政省令並記】逐条解説　過大支払利子税制』
『詳解　有利発行課税』
『［処分取消事例］にみる　重加算税の法令解釈と事実認定』
『事例と条文で読み解く　税務のための　民法講義』（以上、ロギカ書房）
『否認事例・裁判例からみた　消費税　仕入税額控除の実務』（中央経済社・共著）
『第10版　Q&A　事業承継をめぐる非上場株式の評価と相続対策』（清文社・共著）
『国際課税・係争のリスク管理と解決策』（中央経済社・共著）
『詳解　タックス・ヘイブン対策税制』（清文社・共著）
「通達・Q&Aの要点を一挙に押さえる　令和元年度　外国子会社合算税制の改正詳解」税務弘報67巻10号（中央経済社）
「外国法を準拠法とする契約に係る税務上の取扱い［1］～［3］」月刊国際税務38巻12号～39巻2号（国際税務研究会）

《執筆協力者紹介》

秋本 光洋（あきもと　みつひろ）

税理士
秋本光洋税理士事務所

　勝島敏明税理士事務所（現　デロイト トーマツ税理士法人の前身）のパートナーを退任後、2001年に独立開業。
　個人事務所として、税務専門家及び企業に対し、法令解釈に基づく助言・分析等を中心とした相談業務を提供し現在に至る。
　特に国際税務（租税条約、源泉所得税、事業体課税を含む）、公益法人等（一般社団法人・一般財団法人を含む）の会計及び税務、信託に係る税務など、専門的な分野を中心にアドバイスを行う。

デロイト トーマツ税理士法人

　デロイト トーマツ税理士法人は、日本で最大級のビジネスプロフェショナル集団「デロイト トーマツ グループ」の一員であると同時に、世界四大会計事務所「デロイト」の一員でもあります。「トーマツ」ブランドが培ってきた信頼と高い専門性に加え、全世界150を超える国・地域で展開する「デロイト」のグローバルネットワークを生かし、プロフェッショナルとしてクライアントのビジネス発展に貢献していきます。
　私たちの最大の強みは、デロイト トーマツ グループの総合力です。国内外での豊富な実績を誇る税務サービスだけにとどまらず、監査・保証業務、コンサルティング、ファイナンシャルアドバイザリー、リスクアドバイザリー、法務の領域でもグループ内の連携を図り、組織や専門分野の枠を超えた総合的なサービスを提供しています。特にデロイト トーマツ税理士法人は、日本の大手税理士法人の中でも最大級の国内17都市に拠点を設けており、全国規模で多様化するクライアントのニーズにこたえています。詳細はデロイト トーマツ税理士法人 Web サイト（www.deloitte.com/jp/tax）をご覧ください。

子会社株式簿価減額特例
―国際的な配当をめぐる税務

発 行 日　2022 年 2 月 20 日

著　　者　梅本 淳久

発 行 者　橋詰 守

発 行 所　株式会社 ロギカ書房
　　　　　〒 101-0052
　　　　　東京都千代田区神田小川町 2 丁目 8 番地
　　　　　進盛ビル 303 号
　　　　　Tel 03（5244）5143
　　　　　Fax 03（5244）5144
　　　　　http://logicashobo.co.jp/

印刷・製本　亜細亜印刷株式会社
定価はカバーに表示してあります。
乱丁・落丁のものはお取り替え致します。
©2022　Atsuhisa Umemoto
Printed in Japan
978-4-909090-69-0　C2034